El **abecedario** que todo autor profesional debe conocer

Elsa iLardo

¡Para ti,
amigo autor!
(Sí... comienza a creer que lo eres)

¡Para ti, _____ es este libro!

Porque llevas mucho tiempo pensando en escribir ese libro y no sabías por dónde comenzar.

Porque quizás ya lo hiciste, pero las cosas no salieron como esperabas.

Porque creo en ti y quiero ayudarte a lograrlo.

Para ti ha sido producida esta obra que nació en el corazón de Dios, para orientarte y prepararte para lo que viene en tu rol como escritor.

Hoy, _____, comienza una linda travesía que puede cambiar tu historia para siempre.

Como muestra de tu compromiso contigo mismo para lograr lo que has soñado, firma aquí:

_____

Con amor,

Elsa Ifardo

El **abecedario** que todo
autor profesional debe conocer

© 2022 por Elsa iLardo
Hispanos Media
hispanosmediagroup@gmail.com

Edición:
Gisella Herazo Barrios | Agencia Arte & Expresión
www.agenciaarteyexpresion.com · @agenciarteyexpresion
· @gisellacomunica

Diseño de portada y diagramación interior:
Arean Molina de Hispanos Media
areanmolina@gmail.com

Ninguna porción de este libro podrá ser reproducida, almacenada en ningún sistema de recuperación, o transmitida de cualquier forma o por cualquier medio - mecanismos, fotocopias, grabación u otro -, excepto por citas breves en revistas impresas, sin la autorización previa y por escrito de la autora.

La mención de compañías, organizaciones o autoridades no implica responsabilidad por parte de la autora ni de Hispanos Media como casa publicadora, así como no implica vínculo alguno entre estos y la autora o la publicadora. Las informaciones de contacto, como direcciones de internet, textos o redes sociales que se referencian, son de apoyo, por lo que no implican ninguna obligación ni relación contractual y estaban vigentes al momento de imprimir este libro. La autora no se responsabiliza por errores o cambios que puedan ocurrir en las mismas, luego de haberse publicado.

ISBN: 978-1-7346498-7-1

Impreso en Estados Unidos de América

Dedicatoria

Quiero dedicarle esta obra de manera muy especial a **mi mamá, Elsa Rey**.

Ayudarla a escribir, publicar y promover su primer libro a los setenta años, me confirmó que quiero hacer esto por más personas. La he visto florecer y llenarse de nuevas fuerzas, nuevos motivos y nuevos sueños a partir de su libro. Ahora sabe que puede y va sin miedo.

   Mami, me honra ver tu caminar y me enorgullece ser tu hija. Gracias por haberte acercado a Dios cuando más lo necesitábamos y modelarme un camino que no conocía. Gracias por ser valiente y demostrarles a todos que ni la edad ni las finanzas son impedimento para convertirte en autor. Es un tema de querer, prepararse, dejarse guiar y accionar esa fe.

   Gracias porque, a través de ti, dedico este libro a todos los soñadores. Es tiempo de despertar para que el sueño se cumpla.

Primera parte: El abecedario del autor

A — Acción, Autor, Autopublicación (26)

B — Biografía, *Branding*, Blog (27)

C — Capítulos, Contenido, Conferencias (32)

D — Distribución, Diseño, Descripción (38)

E — Escribir, Edición, Estrategia, Editoriales (44)

F — Fases, Formatos (53)

G — Gestión, Géneros, Grupos, Gratis (58)

H — Historia (62)

I — Intención, Imaginación, Identificación, Investigación (64)

J — Jornada (67)

K — Kiosko, KDP (68)

L — Lectura, Libros, Librerías, Leyenda (70)

M — Mercadeo, Medios, Mensajes (74)

N — Normas, Negocio, Negociaciones (81)

O — Optimizar, Objetivos, Orden, Ortografía (84)

P — Plan, Presupuesto, Publicidad, Promoción (87)

Q — *Quotes* (93)

R — Relaciones públicas, *Reviews*, Redes sociales (94)

S — Sorpresa, Sistema, Sinopsis (99)

T — Tribu, *Trade Shows* (102)

U — Útil, Único (104)

V — Ventas, Videos (105)

W — *Web page* (110)

X — X = no hacer (112)

Y — ¡Yupi a lanzar! (114)

Z — Zambullirse (115)

Contenido

Segunda parte: La ruta del autor 117

- Diagrama de creación de un libro exitoso 118
- Los 15 esenciales de mercadeo para autores 121
- El registro de tu obra en 4 pasos 135

Tercera parte: Define tu idea 139

- Epílogo: La vida de un autor 145
- Conclusión: Direcciona correctamente tu proyecto 151

Producto y perfección precede a publicación.
- Ofelia Pérez

Prólogo

Sigue sus instrucciones. Éxito asegurado.

Yo sabía que Elsa es experta en mercadeo de libros. Sobre todo, me constaba ya el éxito al que había llevado a libros de autores notorios, estableciendo récords de ventas como parte de sus funciones de Directora de Mercadeo en una prestigiosa casa editorial. No puedo obviar que venía precedida de una vasta experiencia en esa misma posición en otra industria de envergadura, en donde también se distinguió.

Como editora y parte de la industria de libros, lo que excedió por mucho mis expectativas sobre sus habilidades de mercadeo fue verla alcanzar la marca de más de dos mil libros de su autoría (la novela «Mi tabla de salvación») vendidos durante la pandemia. Cuando todos estábamos encerrados, y mientras los libreros y las editoriales estaban sin poder operar a total capacidad, ella, con su libro independiente, estaba logrando algo sin precedentes. Elsa, con sus conocimientos, experiencia y estrategias especializadas, porque sabe lo que hace, logró convertir su primer libro en un éxito de ventas... contra todas las probabilidades. Por supuesto, después de ese éxito, ya este es su quinto libro.

En el mercado, la venta de cada libro compite contra millones de ellos. Sin embargo, ningún escritor tiene nada que temer si tiene en sus manos un libro bien editado y diseñado. Todos tienen posibilidades de ventas. Hace la diferencia, un plan de mercadeo preciso, intencionado y estratégico para cada libro, que debe tener en cuenta, entre varios factores, el mercado al cual dirigirse, género de la obra, dirección y proyección de ventas. Sobre todo, el autor debe poner el calor, la entrega y una consciencia clara de que el libro de su inspiración, después de publicado, es su negocio. Nada ni nadie vende su libro como su propio autor.

El autor que invierte quiere ver la recuperación de su inversión, y, sin dejar atrás lo que tiene de «sueño» el libro, tiene que buscar el impacto público masivo de sus largas horas de inspiración y esfuerzo. Nadie debe escribir para ver su obra sentada en un estante. Todos los autores debemos anhelar un éxito arrollador. Por eso, empecemos por escribir un libro con buen asesoramiento, editado con excelencia, y diseñado correctamente, porque el producto es mucho más fácil de mercadear si es de alta calidad. Pero el trabajo no termina ahí; comienza una etapa crucial.

El éxito en las ventas de un libro necesita un plan de mercadeo estratégico que venda; ese es el éxito para el cual escribimos. Insisto y quiero ser muy enfática: ¡queremos ventas! Muchos autores que se me acercan me dicen: «yo solo quiero que mi mensaje llegue», a lo que yo siempre respondo: «el mensaje llega, si vendes». Se necesita el plan de mercadeo correcto para que el mensaje llegue al mayor número de personas que compre, con la gran bendición que tenemos hoy día: el mundo entero está a nuestra disposición.

Recomiendo este libro a ojos abiertos. Tenemos que lograr que los autores comprendan lo indispensable que es el mercadeo correcto de su libro. Elsa iLardo es la experta y sus resultados, no solo con libros de otros, sino con su propio libro, dan fe de su sabiduría. Está equipada con la autoridad para decirte cómo mercadear tu libro. Sigue sus instrucciones. Éxito asegurado.

Gracias, Elsa, por esta gran contribución y este apoyo implícito al discurso que recito a diario a mis autores.

Ofelia Perez, AWA, Structure Master™
Spanish Editor, Whitaker House
Editora de más de 600 libros independientes

6 peldaños transformados en consejos

Prefacio

¡Hola, amigo autor!

Lo primero que quiero hacer, antes de empezar, es presentarme, para que desde el principio te sientas con la confianza de ser guiado a través de este proceso como autor, que anhela experimentar una excitante carrera.

Quizás hoy tienes este libro en tus manos y desconoces qué me capacita para orientarte sobre una publicación de libros exitosa. Por eso voy a hablarte un poco sobre mi historia, no con la idea de presumir de nada, sino porque, al igual que tú, soy lectora y me gusta conocer la autoridad que capacita al escritor para hablar de temas particulares.

Me ubico en tu posición y te cuento sobre mí, para que continúes tu lectura, sabiendo que te voy a hablar desde una experiencia profesional y de vida, y no desde el ego. Pero como quiero que le saques provecho a cada página de este libro, en la medida que te narro mi historia, te daré algunos consejos de mercadeo que pueden servir de base para comenzar esta nueva experiencia en la escritura.

Quién soy
y por qué puedo ayudarte

Comienzo por decirte que soy puertorriqueña, de la ciudad de Vega Baja. Fui estudiante del colegio de Mayagüez, y finalicé mi bachillerato en Comunicaciones, con especialidad en Publicidad, en la Universidad del Sagrado Corazón, en Santurce. Realicé mi maestría en Negocios con un enfoque en Mercadeo, en Phoenix University, en Guaynabo, Puerto Rico.

Primer consejo:

Investiga el mercado

Comencé mi carrera profesional a los veinticuatro años con una firma de investigaciones de mercado de orden mundial. Esto me permitió aprender la importancia de conocer el mercado para una buena campaña de mercadeo y promoción, y por consiguiente obtener más ventas.

Y aquí mi primer consejo: Si no conoces el mercado en donde compites, si desconoces cómo te ves en el punto de venta, y qué piensan los consumidores sobre tu producto y los productos de la competencia, difícilmente vas a lograr sobresalir.

Descubrí que las marcas más exitosas invierten una buena cantidad de su presupuesto en investigar el mercado. Y si ellos lo hacen, aun siendo líderes, ¿cómo no lo vamos a hacer tú y yo para nuestros libros?

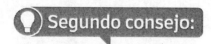

> **Segundo consejo:**

Planifica tus ventas
e invierte en promoción para tu producto

Dos años más tarde, me uní como coordinadora de mercadeo a una compañía de belleza que me dio la oportunidad de manejar el mercadeo de una de sus marcas de cuidado personal.

Hacer promociones en el punto de venta, trabajar los estimados de venta, los gastos, y el presupuesto promocional, me expuso a un mundo aún más divertido e interesante. Logré entender que la planificación lo es todo.

Necesitas imaginarte cuánto vas a vender, trabajar para lograrlo y entender que no hay venta que se logre sin inversión. Todo producto o marca que se respete asigna un porcentaje para su promoción, incluso aquellas que ya son conocidas internacionalmente. Esto es algo que debes considerar para alcanzar las ventas deseadas de tu libro.

> **Tercer consejo:**

Emprende

Tenía apenas veintisiete años, el día en que me di cuenta de que siendo madre soltera de un niño de tres años, y trabajando tantas horas como lo hacía en aquella compañía de belleza, iba a ser muy posible que me perdiera demasiadas etapas de la maternidad, y no estaba dispuesta a hacerlo.

Con eso en mente, me arriesgué a lanzar mi propia compañía. Era una revista llamada «Buscando», que ayudaba a las madres a encontrar guarderías para preescolares, campamentos, escuelas y actividades extracurriculares para los niños. Si eres de Puerto Rico, quizás algún día la tuviste en tus manos, o tal vez alguno de tus hijos salió en ella.

Esta revista me dio la oportunidad de descubrir lo que era crear una marca desde cero y llevarla a ser amada por sus lectores. Con frecuencia recibía correos electrónicos, dejándome saber cuánto disfrutaban leer la revista y cómo la sección «El mensaje de la directora» siempre calaba profundo en sus corazones.

Ahí descubrí que amaba el arte de la escritura. Trabajaba fuertemente en esa sección porque quería transmitir un mensaje que hablara al corazón y contara cómo era el proceso de producir cada edición, desde el lado humano.

La revista fue la escuela que Dios utilizó para enseñarme a formar algo desde el inicio. Comenzó como un sueño en mi corazón, una idea que no sabía si sería capaz de lograr. No tenía ingresos, era madre soltera, y tampoco tenía un buen crédito, pero tenía mucha fe en mi visión, fe de que Dios me ayudaría a lograrlo, y además era una trabajadora incansable. Decidí salir a la calle y comenzar a vender anuncios hasta lograr conseguir lo suficiente para pagar la primera impresión.

Hubo gente que creyó en mí y lo agradezco; también hubo gente que no lo hizo, pero que después vio; y también hubo quien nunca creyó, y también se vale. Todos ellos me inspiraron e impulsaron de diferentes formas, y esa experiencia aumentó mi fe.

Esto fue lo que años más tarde me sirvió de recurso para decidir sin miedo a lanzarme a publicar un libro de forma independiente. Yo estoy segura de que tú también lo puedes hacer, por eso estás leyendo estas líneas. Necesitas creer en ti y en ese sueño que ha sido depositado en tu corazón. De cierto lo lograrás y ya estás dando el primer paso para ser un emprendedor independiente y un autor de éxitos.

Cuarto consejo:
Mercadea a lo grande

Fueron seis años en los que disfruté trabajar desde mi casa y llevar a cabo ese sueño. Recuerdo que para ese entonces hubo grandes cambios en la economía del país, y coincidió con la entrada de las redes sociales. Ambos factores afectaron a mi negocio. Por un lado, las pequeñas escuelas se vieron muy afectadas y muchas de ellas tuvieron que cerrar, y de las que permanecieron abiertas, muchas dejaron de invertir en publicidad. Por otro lado, la entrada de las redes sociales hizo que el mercado de las revistas dejará de ser tan popular y amado por tantos.

Así que, en el año 2010, tuve que tomar la difícil decisión de cerrar un sueño y volver a trabajar en mi profesión de mercadeo.

En ese momento, Dios me abrió una gran puerta: me contrataron como Gerente de Mercadeo de una empresa multinacional de medicamentos de venta masiva. Yo dirigía los esfuerzos de mercado de diecisiete marcas de renombre, orientadas a la salud. Dos años más tarde, gerenciales de la empresa en otras partes del mundo comenzaron a apreciar mi trabajo y eso me abrió la puerta al mercado internacional.

Fui trasladada a Miami para convertirme en Directora de Mercadeo para Centroamérica de aquella compañía. Una experiencia maravillosa que me hizo entender que había una forma de comunicarse más neutral que la que yo conocí en mi amada isla.

Mi trabajo me llevó a viajar a muchos países. Era gracioso ver las caras de mis compañeros cuando utilizaba alguna expresión muy puertorriqueña, y nadie entendía a lo que me refería. Descubrí que tenemos un idioma muy creativo y divertido. Fue fantástico conocer la hermandad que existe entre los hispanos alrededor del mundo. Aprendí a amar otras culturas, otros acentos, y otras comidas y costumbres, pero no sabía cómo eso me seguía acercando a mi destino.

Aquella experiencia me enriqueció profesionalmente y me ayudó a saber cómo alcanzar diversos países con un mismo producto y una misma campaña publicitaria. La clave está en escuchar las necesidades del consumidor, que muchas veces se repiten en diversos países.

Aprendí a manejar presupuestos mayores, gastos mayores y presiones mayores. Esto me hizo darme cuenta de que muchas veces las puertas que se nos abren son más grandes de lo que nosotros podemos imaginar. Si trabajamos fuerte por nuestros sueños y somos diligentes en nuestro trabajo, seremos puestos delante de los grandes.

Creo con todo mi corazón que tal como me pasó a mí te puede pasar a ti. Hoy estás soñando con un proyecto que no sabes el tamaño y la dimensión que pueda alcanzar, pero quizás, muy pronto tengas la necesidad de comenzar a hablar de forma neutral, para que puedas ser comprendido en las diferentes partes del mundo a las que te llevará tu libro.

Valora las relaciones

Después de cuatro años, se abrió una puerta que, aunque parecía pequeña, me llenaba de curiosidad y me hacía sentir confiada de que traería algo que cambiaría mi vida para siempre: Fui invitada a trabajar con una casa editorial.

Era la segunda vez que una compañía de este ámbito me hacía un ofrecimiento de trabajo. La primera vez fue con una editorial de textos escolares con base en España, que, aunque llamaba mucho mi atención, rechacé porque la paga era menor. Esta vez sentía temor de dejar ir la oportunidad nuevamente, y además sabía que detrás de la oferta había algo mayor.

Aún trabajaba con la compañía multinacional de la cual te hablaba, y como viajaba mucho, tomé por costumbre llevar libros para leer mientras estaba en el avión.

En uno de esos viajes, recuerdo estar leyendo el libro «Señor, que mis hijos te amen», del autor Rey Matos, y fue tanta la impresión que causó en mí, que quise saber quién lo publicaba. Al conocer quiénes eran, hice una anotación en mi computadora con la información y recuerdo que le comenté a mi madre: «algún día yo voy a trabajar con esta compañía».

Dos años después, la empresa con la que trabajaba fue absorbida por otra y todas las posiciones regionales fueron eliminadas. Al estar sin trabajo, quise darme la oportunidad de elegir en qué tipo de compañía me gustaría trabajar y le envié mi hoja de vida a esa editorial. Ellos me llamaron y me entrevistaron en inglés, y como me fue tan mal con el idioma, pensé que esa puerta se había cerrado.

Esa misma tarde me llamaron de una gran compañía multinacional dedicada a la tecnología, me entrevistaron en inglés y me dijeron que yo era perfecta para el puesto. ¡No podía creer lo que mis oídos escuchaban! El ejecutivo me aclaró que no me preocupara por mi inglés, porque lo que necesitaban era que yo pudiera hablar perfecto español, ya que la posición era para llevar el mercadeo del sector público en los países de Latinoamérica. El trabajo no requería viajes, podía hacerlo todo digitalmente y el salario era bueno. Así que acepté, aunque no era lo que soñaba.

Dos meses más tarde volvieron a llamarme de aquella casa editorial y esta vez para una posición en español. Esta era la tercera ocasión en la que consideraría renunciar a mi trabajo por irme a ese sector. El salario era menor y la posición no parecía tan importante, pero mi corazón latía por aceptarla. Aquella opción no tenía lógica, no parecía ser un buen negocio para mí, no era una mejor posición, ni una mejor compañía, ni un mejor salario o condiciones laborales superiores, pero quería estar ahí.

Apenas llevaba cinco meses en la compañía del famoso magnate cuando decidí presentar mi renuncia y arriesgarme a lo desconocido. Me mudé a otra ciudad y allí comencé mi nueva aventura.

Empecé en ventas, trabajando con los libreros y distribuidores de Latinoamérica y, nueve meses más tarde, me asignaron la posición de Directora de Mercadeo de la casa editorial, trabajando con todo el mercado hispano de Estados Unidos y del mundo.

Fue una experiencia maravillosa que cambió mi vida. En mi tiempo allí manejaba las redes sociales del mercado hispano, las de la revista digital y trabajaba con distribuidores, libreros y autores. Sabía que me encontraba en una escuela de la cual debería aprender lo más que pudiera en el menor tiempo posible. Disfrutaba cada día en mi trabajo, aplicando lo aprendido en otras posiciones y empleos, y aprendiendo de lo que era desconocido para mí en esta nueva industria.

Sentí un temor reverente porque era una compañía de corte cristiano. Entendí prontamente que cada persona a la cual se le iba a publicar un libro cargaba un propósito y yo sentía un gran respeto hacia cada autor. Los veía como esos superhéroes que vemos en la televisión, que tienen una tarea asignada y el pueblo los protege, respeta y defiende. Aprendí a mirarlos con respeto, cariño y admiración y me encantaba apoyarlos. Hacía todo lo posible por leer cada uno de los libros que publicábamos porque no podría mercadear un libro del cual no conozco el contenido. Así que eso me acercó a ellos e hice lindas amistades.

Recuerdo que una de las personas que más me impactó en mi tiempo en la empresa fue el señor Sixto Porras. Me impactaba ver como tanta humildad podía salir de un ser humano que tenía un nombre tan grande. Su dulzura y su trato era similar a como me imagino a Jesús aquí en la tierra.

También trabajé muy de cerca con la doctora Lis Milland. Al principio me intimidaba su personalidad tan avasalladora, su risa contagiosa, su seguridad y su mirada penetrante. Pronto descubrí la sinceridad de su sonrisa y la discreción con la que guarda cada conversación que tuvimos.

Fue de gran ayuda en mi caminar hacia la sanidad emocional. Es una gran amiga y mentora de vida.

Otras dos experiencias muy especiales fueron haber trabajado con Julissa y con Christine D'Clario. Julissa es una supermamá amorosa y una esposa digna de ser imitada. Su libro es una joya y trabajar con ella fue un placer; es un ser muy humilde y genuino. Y luego conocí a Christine, ella es fuego; sabia, creativa y a la vez tan sensible a la voz de Dios. Ella sabe lo que quiere y cómo lo quiere, pero sabe escuchar y dejarse guiar. Pero lo que más me gustó fue su sentido del humor, no hubo un día en el que compartiéramos con ella y no lloráramos de la risa. Ella y su esposo son dos seres maravillosos.

Después conocí a José Luis Navajo. Mi asignación era hacer el plan de mercadeo de su libro y llevarlo a Expolit, en Miami. Me sentía honrada de acompañarlo; sentía un gran respeto por él, porque soy admiradora de sus libros y su talento para escribir.

Este hombre es un maestro, camina con peculiar humildad y gentileza; es un caballero en toda la extensión de la palabra y muy sencillo de corazón. No teme en enseñar todo lo que sabe. Fue la persona que me hizo ganar confianza en mí para atreverme a lanzar mi primer libro, y hasta tuve el honor de que escribiera el prólogo.

En fin, podría mencionar tantos nombres de autores que impactaron mi vida. Fueron cientos de libros los que lancé en mi estancia en dicha editorial y fueron maravillosas cada una de las experiencias. Habiendo vivido aquello, era claro para mí que había un propósito, que aún vivo descubriendo.

Sexto consejo:
¡Lánzate tras tu sueño!

En el 2018 decidí renunciar a ese trabajo que tanto amaba, para darle mi cien por ciento al comienzo de mi relación matrimonial, y a nuestra *blended family*[1].

En el 2019 lancé una revista y una plataforma digital llamada Hispanos Media, buscando apoyar a los soñadores latinoamericanos que tienen grandes historias que contar sobre cómo lograron su sueño en los Estados Unidos. Estos «héroes hispanos» de nuestra comunidad engrandecen nuestro nombre y raíces.

Pero tenía una asignatura pendiente: mi primer libro.

En febrero del 2020 entregué el manuscrito de mi primer libro a mi editora y amiga Ofelia Pérez, y en mayo del mismo año, en medio de la pandemia, lo lancé. ¿Fue fácil? No. Fue tenaz. Para comenzar, porque el mismo día en que entregué el manuscrito, mi familia y yo fuimos víctimas de un crimen: una persona le quitó la vida a mi perrita y a mí me costó mucho levantarme de ese golpe tan fuerte para mi alma. Luego, porque a la semana de presentar la portada de mi libro y anunciar el inicio de la preventa, todo se cerró. Llegó la pandemia y no sabíamos qué esperar. Tuve que cancelar el lanzamiento presencial y crear uno digital, cuando no tenía referencias previas.

Dicen que las dificultades aumentan la creatividad y yo lo experimenté. Entre los eventos de lanzamiento hice un *drive through*[2] en mi casa, con globos, música y regalos, y las personas de la ciudad pasaban a buscar su copia en medio de la celebración. Fue una experiencia increíble y tengo que testificar que fue muy exitosa. Yo recuperé la inversión hecha en mi libro en el primer mes de lanzamiento. Imprimí dos mil copias y se vendieron ¡en solo seis meses!

El libro me llevó a lugares inesperados y me abrió puertas insospechadas. A los dos meses de su lanzamiento, un amigo de mi esposo ofreció pagar los gastos para traducirlo al inglés y tres meses después de haber lanzado el libro en español, ya la traducción estaba siendo lanzada. Esa traducción ganó el premio de *Independent Press Award* a mejor diseño, y fue favorito en la categoría de Ficción Cristiana.

En el año 2021 mi esposo y yo publicamos el devocional bilingüe «90 días para tu matrimonio», y en la primavera del 2022 publiqué «Mi tabla de salvación 2». Estos dos libros, así como el que hoy tienes en tus manos, han sido editados por las manos de mi amiga y editora, Gisella Herazo. Más adelante te hablaré del rol del editor en tu libro.

Mi libro «Mi tabla de salvación» es una novela de tres partes. Al momento de esta publicación, las dos primeras partes ya están disponibles y la tercera parte debe estar en el mercado en el verano del 2023.

Cierro contándote que un libro puede cambiar tu vida para siempre. A través de uno de mis libros llegué a cientos de mujeres quebrantadas en las cárceles de México.

Gracias a otro de mis libros, hoy dicto conferencias para matrimonios junto a mi esposo todas las semanas. Estos libros han logrado colocarse en estantes de librerías y me han abierto puertas que nunca esperé que pudieran abrirse.

Todo esto es lo que quiero compartirte, porque no está disponible solo para mí. Tú puedes ser un autor de éxito y yo quiero ayudarte a lograrlo.

Te invito
a comprometerte con tu sueño
y a no ceder hasta lograrlo.

Llevas demasiado tiempo pensándolo, ¡vamos a hacerlo juntos!

Elsa iLardo es autora de éxitos de venta, galardonada en 2021 con el *Independent Press Award* en dos categorías, Es especialista en mercadeo de libros, reconocida por su labor en la industria editorial, gestionando de forma exitosa varias campañas de lanzamiento, y por sus logros en redes sociales.

Ahora que
nos hemos
conocido,
quiero lanzarte un **reto** que te ayudará a llevar a la **práctica** lo que aprenderás aquí:

Si:

☐ Aún no tienes la certeza de qué libro quieres publicar...

☐ Tienes varios temas en mente y no logras elegir cuál es el correcto...

☐ No logras encontrar un buen título...

Quiero invitarte a que, completamente **gratis**, te unas al reto:

«*La idea de tu libro en 5 días*»,

en el que te voy a guiar, paso a paso, para que descubras en cuál libro te debes enfocar para empezar a escribir, y cómo elegir el título de tu obra.

Solo necesitas registrarte en **www.laideadetulibro.com** para que comiences desde hoy a trabajar en ese proyecto de vida tan importante.

¡No dejes pasar más tiempo!

El proceso para publicar tu libro con éxito empieza ¡ya!

> Tu determinación te hará imparable;
> tu consistencia te hará respetable.

Introducción

¡El tiempo ha llegado para ti!
Es el momento de convertirte en autor,
y hacerlo de la manera correcta.

Nuestro tiempo es limitado en esta tierra; desperdiciamos demasiadas horas soñando y muy pocas trabajando en hacer esos sueños realidad. Sé que tú has decidido dejar de soñar para empezar a actuar, pero, antes de que sigas leyendo, hay tres aclaraciones que quiero darte sobre este libro:

1. No pretendo enseñarte a escribir ni darte un curso de edición. El propósito de este libro es compartir contigo parte del vocabulario que debes conocer para convertirte en autor, de modo que tengas la mentalidad correcta para publicar un libro que pueda ser exitoso.

2. Quiero ayudarte a conocer que hay unos pasos específicos que necesitas dar para que tu libro se considere profesional, e incluso pueda ser valorado para ser distribuido por una compañía, o publicado por una casa editorial. Te compartiré la diferencia entre ambas.

3. Por último, quiero mostrarte lo que debes hacer en cuanto a mercadeo para que tu obra destaque. Sea que lo hagas de forma independiente o que una editorial te publique, debes entender que mucho del peso de *marketing* recae en el autor. Y si ya has publicado tu obra, estas ideas una vez aplicadas pueden ayudarte a que tu libro despegue y logre lo que siempre has soñado.

> Porque publicar va más allá de poner tus pensamientos en papel, subirlos a una plataforma y hacer clic en un botón, te invito a conocer el proceso que siguen las editoriales y los autores independientes que publican obras que lucen profesionales y tienen alcance internacional.

Este libro **intenta que conozcas** el lenguaje y sigas los pasos recomendados. Te garantizo que el orden de los sucesos, sí altera el resultado.

Publicar profesionalmente requiere un plan, un proceso, unos pasos y sí, una inversión. Es una inversión 100% recuperable que puede cambiar tu vida y que te posicionará correctamente.

En este libro quiero enseñarte los fundamentos esenciales para la publicación de una obra. Para ello, lo he dividido en tres grandes secciones:

1. La primera es el abecedario de un autor. Allí te revelo secretos que necesitas conocer para adentrarte al mundo de los libros. Te llevo desde la A hasta la Z, para que conozcas esas reglas no escritas, pero conocidas en la industria sobre el arte de publicar.

2. En la segunda detallo una ruta que debes conocer para convertirte en un autor de éxito. Aquí encontrarás:

- El diagrama de producción de un libro exitoso.
- Los 15 esenciales de mercadeo para autores.
- El proceso de registro de tu obra, en 4 paso.

3. Y la tercera, es una guía de preguntas que te ayudarán definir el bosquejo de tu libro y organizar tus ideas con un orden secuencial y lógico.

Y cuando hayas acabado de leer, te invito a que te detengas en el epílogo, en donde te resumo cómo es la vida de un autor.

A través de estas páginas te diré **qué** hacer para que dejes de desperdiciar las horas soñando con publicar un libro exitoso, y empieces a trabajar para hacer tu sueño realidad.

También te invito a visitar mis redes sociales y acceder a www.hispanosmedia.com para que recibas contenido de valor a través de los *webinars* que encontrarás sobre cómo publicar tu libro, el «*Podcast mercadeo para autores*», y el reto que ofrezco, de forma gratuita, para ayudarte a ir de la idea a tu libro. En mi página podrás encontrar soluciones para esa publicación exitosa que anhelas lograr.

Es tiempo de publicar tu libro con éxito.

Primera parte:

El abecedario del autor

Prepárate para aprender, alfabéticamente, términos, conceptos y otros aspectos importantes en tu camino como autor. No tomes esta parte como una guía secuencial, pues no están ubicados según el orden en que deben ocurrir; pero, ¡no te preocupes! Una vez termines esta sección, te explicaré cómo organizar tu proceso.

A de ACCIÓN

En este primer capítulo hablaremos de ese momento en el que sabes que llegó la hora. El momento de decir: ¡*Acción!*

Muchas veces, pasamos la vida entera soñando con la oportunidad de escribir nuestro libro, el deseo arde por dentro, pero lo postergamos pensando que va a llegar un tiempo adecuado e idóneo para poder convertir ese sueño en una meta, esa meta en un propósito, y, como por arte de magia, el propósito en realidad.

Pero no sucede de esa manera; necesitamos llegar al momento en donde dejamos de esperar, tomamos una decisión y hacemos que pase. A eso le llamo el tiempo de tomar acción. Esta acción va a requerir compromiso de tu parte; no es una tarea que sea fácil, pero bien merece la pena.

Hay varios errores que las personas cometemos cuando la emoción de escribir nos embarga. A mí me pasó. Uno de ellos es comenzar a hacerlo en forma desordenada. Un día escribimos en el celular, otro día lo hacemos en la computadora, y al siguiente, en servilletas. Quizás lo hacemos en libretas que encontramos en el camino, o hasta grabamos notas de voz para no olvidar esos pensamientos tan valiosos; pero luego no sabemos cómo unir todas esas partes y nos frustramos.

Otro error muy común es decirle a todo el mundo lo que estamos planificando hacer. Le hablamos de nuestros sueños a todos y luego nos vamos a dormir con una sonrisa. Pero dos cosas suceden: una es que el chismoso no duerme hasta que se lo diga a todos, y la otra es que nos olvidamos de que mientras dormimos, no trabajamos. Luego esos «amigos» que sabían de nuestro sueño, o lo roban, o se burlan de que aún no lo hayamos logrado. Para tomar acción es necesario ordenar nuestra mente y organizar nuestros procesos, y esa es la idea de este libro: llevarte a la acción, de forma intencional y paso a paso.

¿Puedes visualizarte siendo un autor publicado? ¿Te imaginas dictando conferencias a través de los medios digitales y en eventos presenciales? ¿No es lo que sueñas? ¿No es tu aspiración que esa obra maestra, única y especial que ha sido depositada en tu corazón como una asignatura pendiente, sea conocida en todas partes? ¿Acaso no te gustaría que pueda ser traducida a diferentes idiomas? Es tiempo de soñar en grande.

«Es tiempo de tomar acción y hacer que las cosas pasen».

Pero antes de continuar, necesito hablarte de otra **A**, una que necesitas comprender y digerir porque puede afectar tus acciones

A de AUTOR

Un **autor** es la persona que concibe en su mente la creación de un texto que luego plasma o expresa en una obra.

Cuando tú escribes acerca de un tema es porque tienes autoridad sobre él. Una persona que cuenta una historia vivida, tiene la autoridad que la propia experiencia le confiere para relatar los hechos desde su perspectiva. Por ejemplo, alguien que domina el tema de las finanzas, que trabaja en ello, tiene la autoridad que le otorga la experiencia y, en este caso, la educación, para hablar de este tema.

Este punto es importante porque cuando escribes un libro te conviertes en autoridad sobre la temática que abordas. Debes dominarla y estar dispuesto a validar tu conocimiento, experiencia y vivencias en cualquier escenario que se presente. Por eso es que se dice que quien mejor vende un libro es su autor. Tú sabes, mejor que nadie, las razones que te están llevando a escribir sobre ese tema, la experiencia que te cobija y el contenido que te acompaña en tu mente.

Para escribir y publicar un libro debes comenzar a tener mentalidad de autor. Un autor crea, no copia. Un autor desarrolla un tema, de forma organizada y sistemática, para explicar un conocimiento o relatar unas vivencias.

> Empieza a creértelo. Comienza a visualizarte como un **autor** y escribe desde ese asiento; desde el escritorio de un **autor**.

A de AUTOPUBLICACIÓN

La **autopublicación** consiste en la publicación de un libro, o cualquier otro contenido, directamente por su autor, sin que exista la intervención inmediata de una casa publicadora.

Al publicar algo, lo estamos haciendo patente y manifiesto, y también abierto al público. Lo maravilloso de este método de publicación es que eres libre de producir una obra que no será evaluada, juzgada o rechazada por un tercero, de acuerdo a criterios fuera de tu control.

Muchas veces los libros son rechazados porque el autor no tiene evidencias de ventas previas que demuestren que esa nueva obra le va a generar dinero a la compañía. Tal vez rechazan tu libro porque no va con la línea editorial que ellos trabajan, porque no te conocen, o porque no cuentas con la representación de un agente literario. En ocasiones, la razón es que no tienes una plataforma fuerte, o una comunidad que te respalde, que de algún modo sea algo como un «sello de garantía» para las ventas.

Cuando autopublicas, tú decides los tiempos, eliges el formato en que deseas publicar y hasta estableces el precio de tu libro. Tú tienes el control de todo. Nadie lo retirará del mercado por ti, puedes hacer reimpresiones cuando quieras, crear ofertas y hasta reeditar el libro.

Además, siendo muy sincera contigo y habiendo trabajado en la industria como gerente de mercadeo, sé muy bien que la responsabilidad de promocionar el libro también es tuya. Aun cuando te publique una casa editorial, el autor es responsable de promocionar su obra. Tan es así, que cuando llenas el formulario para solicitar ser publicado, te piden que incluyas las gestiones de mercadeo que puedes realizar por tu libro, la cantidad de seguidores que tienes y que aportes ideas para la promoción de tu libro.

Publicar un libro es un proceso hermoso. Compartes conocimientos, vivencias, y provees una experiencia al lector. Tú puedes tener muchísimas cosas escritas en tu computador o en diversas hojas o libretas, pero si no haces las gestiones para publicarlo, queda contigo y muere contigo, mientras que un libro trasciende.

Espero que en este momento estés tomando la decisión de salir del anonimato y mostrarle al mundo lo que está en tu mente y en tu corazón. Publica tu obra inédita sin miedo. Sí, es un gran paso y responsabilidad, pero la gratificación que te produce ver ese sueño cumplido es incomparable.

> «Quien publica como autor independiente demuestra carácter, cree en sí, y por eso invierte en su obra. Tiene algo que decir, y no va a detenerse hasta comunicarlo. Un autor independiente es determinado, por eso el éxito le espera confiado».

B de BIOGRAFÍA

La redacción de una buena **biografía** es clave y debes trabajar en ella desde el inicio de la creación de tu obra. Tu biografía es tu carta de presentación al mundo editorial.

Es vital porque cuando completas la información de publicación de tu libro, o si sometes tu obra para evaluación a una casa editorial, te la piden. En muchas ocasiones los libreros y distribuidores solicitan que la añadas en la hoja de ventas.

También la necesitan los medios de comunicación cuando te presentas en entrevistas, y tú mismo la utilizarás en tu contraportada para presentar tu libro a la sociedad.

Pero no te asustes, se trata de un pequeño texto, escrito en tercera persona, en donde colocarás algunos datos sobre ti. Es necesario que pienses en ti como autor y sobre facetas tuyas que soportan la idea de la publicación de tu libro. Piensa en aquellos aspectos que puedan ser importantes con relación al tema que abordas o tu carrera como escritor.

Tu biografía debe tener un tono impersonal, darle foco a lo que quieres destacar y dejar fuera todo lo que no sea relevante. Puedes pedirle ayuda a tu editor para su redacción.

B de *BRANDING*

Comencemos definiendo el concepto de **branding**, o construcción de marca, y luego te explicaré cómo esto se relaciona con tu carrera como autor.

Una marca identifica a una entidad o persona, se construye mediante una planificación pensada. La marca incluye los colores, gráficos, comunicaciones y posicionamiento, que formarán parte de tu identidad. Voy a ser más específica por si todo esto te resulta desconocido:

Detrás de cualquier marca muy conocida ha habido un esfuerzo consciente de definir todos aquellos elementos tangibles e intangibles que pueden ayudar a comunicar una promesa. El equipo a cargo del *marketing* ha decidido con cuidado lo que debe hacer para que dicha marca y los productos o servicios que ofrecen, queden guardados en tu memoria, conecten con tus emociones y te lleven a consumirlos.

Como autor no es diferente. Debes elegir la imagen que quieres proyectar y trabajar en ella, teniendo en cuenta el público al que quieres llegar y tu estilo como escritor.

Necesitas decidir los colores que quieres que te identifiquen, el tipo de letra que te gusta, incluso debes tomarte fotos profesionales de autor, que formarán parte de esa marca personal que estás construyendo. Cada uno de esos elementos han de verse reflejados en tu logo, en tus portadas, en tus redes sociales, y en tu página web.

Hay autores que escriben con un estilo poético, otros son altamente descriptivos. En mi caso, yo escribo mayormente novelas románticas, en las que empleo muchas analogías y el sentido del humor. Es parte de mi *branding*, mi marca personal. Mis libros y logos tienen típicamente los colores azul turquesa y el color magenta, y un diseño femenino y divertido, porque ese es mi estilo, mi marca.

Todos estos detalles influyen y determinan tu marca. Es lo que te hace distinto, relevante y atractivo a un público particular. El objetivo de desarrollar un *branding* es que tus seguidores te reconozcan fácilmente para ubicarte en la mente de los consumidores de forma directa o indirecta.

Cuando un autor logra establecer una marca personal, consigue la lealtad de sus lectores. La gente ve fácilmente lo que le diferencia, lo que le hace relevante y especial, y conectan con eso.

Si estás considerando escribir, te recomiendo que dediques tiempo a pensar en tu marca personal. Muchas personas compran un libro porque son seguidores de ese autor, más que por el título. Por ejemplo, yo sigo a Francine Rivers y quiero leer cualquier novela que ella publica, porque me gusta la forma en que escribe. Ella ha logrado desarrollar un *branding* como autora que se hace atractiva para mi gusto como lectora.

> Identifica tu estilo, piensa en tus lectores y crea tu marca personal.

B de BLOG

Algunas personas consideran que los **blogs** han pasado de moda, pero es importante que sepas que siguen siendo absolutamente relevantes, y de mucha influencia.

Según Neal Schaeffer, experto en mercadeo digital empresarial, «aproximadamente 409 millones de usuarios de Internet leen alrededor de 20 mil millones de páginas de blogs mensualmente. Esta es la razón por la cual el 53% de los especialistas en marketing priorizan los blogs como su principal estrategia de marketing de contenido. Además, siguen floreciendo con un aumento del 12 % en los últimos cinco años»[3].

Un dato que posiblemente te interese saber es que es una de las maneras más efectivas para darte a conocer como escritor. También es una forma en la que puedes mostrar cómo te desenvuelves en la escritura y podrías capturar la atención de una casa editorial para ser publicado.

Muchas casas editoriales investigan si los autores han escrito algún blog y si lo han hecho, es parte de las consideraciones que les agradan para tomar la decisión de firmar con ellos. Además, a través de estos escritos pueden conocer tu estilo y puede ser una buena manera de entrar en el mundo editorial, si te interesa en algún momento la publicación tradicional. Lo más maravilloso es que si publicas un libro y mantienes tu blog puedes promoverlo a través de tus escritos y puedes tener un mayor alcance a través de otros medios digitales a nivel mundial.

Te cuento una historia: El libro de mi amiga Stephani Campos, «El valor de la espera», comenzó siendo un blog. Ella escribía sobre lo que estaba en su corazón respecto a ese tema, así que, cuando presentó el concepto a la editorial para ser considerado como un libro, gran parte del peso que tuvo la decisión fue la buena presencia digital que tenía a través de su blog y sus redes sociales. Lo sé bien, porque fui parte del comité evaluador para ese contrato.

Ahora te cuento una historia mucho más personal: Mi libro, «Mi tabla de salvación», también comenzó siendo un blog. Lo comencé en el 2014 y jamás pensé que iba a convertirse en una obra impresa. A través de ese blog fui compartiendo contenido en las redes sociales y la página alcanzó más de treinta mil seguidores.

Así que toma muy en serio la posibilidad de incluir el blog dentro de tu plan de publicación. Además, es muy eficiente en los buscadores de Google para tener un mejor posicionamiento en el internet.

C de CAPÍTULOS

Una vez hemos planificado nuestro libro de forma macro (esto lo conocerás mucho mejor al llegar a la P de Plan), debemos comenzar a entrar en los detalles, como son los **capítulos**. Tener una buena definición del orden y la estructura de tu libro antes de comenzar a escribir, te ayudará a organizar mejor tu mente y tus ideas.

Te comparto algunas ideas que serán de gran ayuda en tu proceso:

- Haz una lista de los capítulos que quieres desarrollar. Este listado te ayudará a ir desarrollando el tema de tu libro con las segmentaciones necesarias.

  Puedes hacerla con todo lo que llegue a tu mente, sin un orden en específico; una lluvia de ideas. Luego revisa esa lista y piensa si hay otros temas que quizás dejaste fuera y quieres incluir. También observa aquellos que quieres descartar porque se salen del tema, porque pueden ser repetitivos, o incluso porque te des cuenta de que no tienes la suficiente información o contenido.

- Sitúa, junto al nombre tentativo que has dado al capítulo, una muy pequeña descripción del contenido de este. Yo lo hago para no forzarme a escribir en ese momento un nombre definitivo al capítulo, pero sí saber de qué pretendo hablar en ese punto del libro. Eso muchas veces me hace repensar en el orden que originalmente establecí.

- Una vez tengas la lista y las descripciones, comienza a trabajar en el orden, que siempre dependerá del tipo de libro que deseas publicar.

  Si estás relatando una historia, un testimonio o una biografía, puedes establecer un orden cronológico de eventos. Cuando compartes enseñanzas o principios, debes llevar un orden lógico en los aspectos a tratar, o en los pasos a dar. Una buena forma es establecer un proceso a través de los capítulos.

  Por ejemplo, cuando mi esposo y yo escribimos el devocional «90 días para tu matrimonio», establecimos el orden tocando temas livianos al inicio, profundizando en temas más intensos de pareja a la mitad, y concluyendo con temáticas referentes a la intimidad. La razón: porque principalmente es para parejas que quieren orar antes de casarse, y entendíamos que al inicio es más complejo sentirse en confianza para abordar ciertos temas.

Si estás trabajando un libro de ficción, debes ir desarrollando la historia hasta alcanzar un clímax y luego ir cerrando temas hasta acercarte a la conclusión.

Así que, el orden de los capítulos tiene importancia y el autor debe tener claridad mental en cómo los quiere presentar. No necesariamente eso va a terminar siendo así o en ese orden, pero es una manera sencilla de ir dando cierta estructura a tu libro y de que mentalmente puedas ir vaciando tus pensamientos e ideas en papel.

- Otro paso que me gusta dar antes de comenzar a escribir, es repensar un poco más en los títulos de los capítulos. Estos deben ser atrayentes, pues algo que las personas hacen para tomar la decisión de leer un libro, además de leer la contraportada, es abrir el índice o la página de los capítulos. Al leer sus nombres pueden tener una idea más amplia de cuán profundo es el libro o de cuáles temas se van a estar cubriendo en él.

Por eso es importante que dediques un tiempo pensar en nombres atrayentes para cada uno de esos capítulos, de manera que el lector, al interesarse en tu libro y ver los nombres de los capítulos, no pueda resistirse.

Muchas veces he comprado un libro porque el nombre de un capítulo en particular responde a una pregunta o necesidad específica que tengo. ¿Te ha pasado?

- Cuando ya estén definidos los títulos de los capítulos y tienes un orden que hasta el momento funciona, empieza a plasmar tus ideas en ellos. En ocasiones querrás comenzar a escribir un capítulo en particular, que no necesariamente es el primero, y no hay problema con eso.

Cuando escribí mi primer libro, «Mi tabla de salvación», el primer capítulo que desarrollé fue el número seis, que se llama: «Una sorpresiva caída». Tenía bastante claro como quería desarrollar esa parte de la historia, así que me adentré y comencé a escribir. El último capítulo también lo escribí muy al principio. Tenía tan claro el final, que por miedo a que intentando fluir lo cambiara, lo escribí desde antes.

Una vez el libro está completado vuelves a leerlo y posiblemente algunas cosas que escribiste al inicio van a ser editadas o cambiadas por ti. Pero la idea es que fluyas libremente hacia los capítulos que sientas que estás más listo para desarrollar.

Hay autores que prefieren hacer un documento para cada capítulo; ponen el número del capítulo, el nombre y escriben. De esa forma no sienten que tienen que colocar tantas páginas en un mismo documento y se les hace más fácil volver a él para hacer revisiones y cambios a un capítulo en particular.

Cuando el libro está listo para ir a edición, debes consolidarlo todo en un solo documento para enviar a tu editor y el documento que te envíe, una vez editado, irá a manos del diseñador, no antes.

También existen programas en donde puedes estructurar tu libro y acceder directamente a través de enlaces al capítulo en el que quieres trabajar. Eso simplifica mucho el proceso y tu editor podrá trabajar en ese mismo documento, si lo prefiere.

He aprendido que publicar un libro es un trabajo de equipo y es importante que discutas con tu editor ciertos procedimientos que harán para ustedes más simple el proceso y evitan errores y retrasos.

Escribí mi primer libro con los capítulos separados en documentos aparte, pero el segundo lo hice con todos los capítulos en un solo documento. Debo confesar que se me hizo más fácil de la forma en la que trabajé primero. Lo dejo a tu discreción, lo importante es que busques maneras de ayudarte a fluir con la escritura.

> Una nota final: **Tu libro va a ser un documento vivo hasta el día que sale impreso.** Intenta hacer los mayores cambios antes de la edición, los cambios medianos durante el proceso de revisiones de la edición, y los cambios menores durante la maquetación del libro, es decir, el diseño.

Si escribes con prisa y no realizas modificaciones en la medida en que avanzas en la escritura; si no haces revisiones y no relees tu libro varias veces, pagarás el precio en la edición y te costará más el diseño. No tengas prisa.

> Escribe, lee, revisa, cambia. Escribe, lee, revisa, cambia. Revisa, lee y relee tu libro más veces de las que creas necesarias.

C de CONTENIDO ADICIONAL

Es probable que hayas notado que los libros incluyen **contenido adicional** a lo que es el texto primario. Voy a detallarte algunas de esas secciones, para que entiendas el uso de cada una y la importancia que tienen en tu escrito:

- **Prólogo**
  Este escrito va usualmente al comienzo de un libro y típicamente lo escribe un autor más conocido, o alguien de autoridad en el tema.

  Por ejemplo, el prólogo de mi primer libro, que fue una novela, lo escribió José Luis Navajo, quien es un autor que ha publicado más de veinticinco obras, todas en ese mismo género. El que él lo hiciera me abrió puertas porque es una persona con gran credibilidad que está diciendo: «lean a esta chica». ¡Y tienes que leer ese prólogo!, de verdad es una poesía: «Descubrirás tesoros en las profundidades de un océano de tinta». Es magistral.

  En este libro el prólogo lo escribió Ofelia Pérez. Ella es una editora con más de treinta años de experiencia en el mundo editorial, que ha editado libros de grandes autores y en prestigiosas editoriales. Es una maestra y una gran referencia en este gremio. Contar con su respaldo en un tema como el que estoy abordando en este libro, fue de vital importancia para mí.

  Algunos dicen que solo se necesita incluir un prólogo cuando un autor publica por primera vez, pero he visto a autores con una larga carrera incluir un buen prólogo de alguien prominente, lo cual le da un peso mayor a su obra.

  Esto no es obligatorio, pero si lo puedes tener, ¿por qué no?

- **Epílogo**
  Esta es la parte final del libro y ofrece un resumen general de su contenido. Se usa mucho en el género de ficción. Muchas veces es el lugar en donde el autor cuenta el desenlace cuando la obra no presenta un final concluyente, o donde explica lo que pasó después del final.

  En otros géneros se utiliza también para agrupar las ideas finales a modo de resumen, o para dar una conclusión a la obra que pueda llevar al lector a una acción posterior. En este libro, por ejemplo, encontrarás en el epílogo aspectos relevantes acerca de la vida del autor; un camino que ahora has empezado a recorrer.

- **Introducción y prefacio**
  Estas dos secciones típicamente se confunden, así que las he escrito juntas para poder aclararlo.

  El **prefacio** es un capítulo introductorio sobre el autor y las razones por las cuales escribió ese libro. La **introducción** habla específicamente sobre el contenido del libro y en muchas ocasiones ofrece ciertos datos que van a ser necesarios para comprender el resto de la obra.

- **Endosos**
  Son recomendaciones breves en las que personas de influencia les explican a los lectores las razones por las cuales deben leer el libro y dan testimonio del autor de la obra. En ocasiones pueden ser endosos al carácter del autor y en otras, puede tratarse de una opinión del libro tras haber tenido una lectura previa al lanzamiento de la obra.

- **Página de notas y referencias** En esta página se incluyen los datos específicos que permiten al lector identificar la fuente de la información no original citada en el texto principal de la obra.

  En algunos casos, dicha información no se incluye en una página aparte, sino que se cita a modo de anotación numerada como **nota al calce**, o **nota a pie de página**. Allí también se puede ofrecer una corta definición o traducción, o atribución de los derechos de autor cuando es una referencia corta.

- **Páginas de anotaciones**
  Estas son secciones adicionales que se utilizan para lograr que el lector haga suya la obra. Se proveen espacios para la expansión del pensamiento o la recolección de datos importantes que el lector quisiera recordar fácilmente. Esto ayuda mucho a que la persona sienta mayor identificación con el libro, lo que le añade un mayor valor sentimental y emocional a la obra.

- **Dedicatoria y agradecimientos**
  Estas dos secciones sirven para proveer al autor un área para hacer más personal el libro, mostrando así su lado más humano y vulnerable.

Aunque tienden a confundirse, originalmente deben tener una orientación distinta: la dedicatoria se suele dirigir a personas cercanas al corazón del autor y que tengan una relevancia significativa con ese libro en particular. En cambio, en los agradecimientos se suelen incluir a aquellos que hicieron posible que el libro saliera a la luz, brindando al autor cualquier clase de apoyo emocional, espiritual, profesional o incluso, económico.

C de CONFERENCIAS O CHARLAS

Esta es otra C que necesito compartirte, ya que brindar **conferencias o charlas** relacionadas con el tema de tu libro, es una estrategia que puedes desarrollar.

Dependiendo de cuál sea la temática que abordas, será el tono que le vas a dar a la conferencia. En mi experiencia personal te puedo contar que en un evento o actividad es cuando más y mejor las personas reaccionan y se mueven para adquirir mis libros. La razón es simple: conectan con el corazón del autor, y logran descubrir quién eres y cómo eres. Si disfrutan de lo que escuchan se sentirán más inclinados a también querer leerte, además de lo que resulta muy obvio: una charla basada en un libro te da un resumen del contenido que vas a adquirir. Si el presentador te deja con deseos de más, inmediatamente vas a querer adquirir el libro para continuar conociendo sobre dicha temática.

Hoy en día, a través de las plataformas digitales, hemos logrado conectar y esto hace mucho más rentable lograr llegar a diferentes partes del mundo con tu conferencia a nivel digital, porque más allá de tu comunidad hay personas que están necesitando tu mensaje.

> ¡No te detengas! Completa el proceso y llega hasta ese punto en donde puedas mirar atrás y decir: «¡Guau! ¡Escribí mi libro, lo publiqué profesionalmente y lo promoví exitosamente!»

Te sentirás un *rockstar* cuando estés ofreciendo conferencias basadas en tu libro. Imagina el día en que tengas cientos de grupos de personas, en diversas partes del mundo, estudiando o comentando tu libro juntos.

No sabemos qué hay detrás de las letras que brotan de tu mano. No te detengas aquí; quizás una carrera como conferencista te está esperando detrás de tu libro. Esta nueva aventura está por comenzar.

Descubre lo que te espera en tu vida como un autor de éxito, uno que puede alcanzar grandes cosas a través de su obra.

D de DISTRIBUCIÓN

Existen muchos detalles importantes sobre la publicación de un libro que debes conocer y qué bueno que a través de estas letras puedas ir aprendiendo algunos de ellos. Pero hay una parte fundamental que muchos autores cometen el error de no pensar hasta el final, y es la **distribución**.

Uno de los aspectos que necesitas analizar antes de publicar tu libro es cómo vas a lograr que ese producto llegue a manos de los lectores.

Muchos autores no son conscientes de que la distribución de un libro es crucial, y no valoran la importancia que representa planificar cómo su libro va a llegar a manos del lector. Hacer *print on demand*»[4], para no tener libros en tu casa suena bien, y es una decisión que muy bien puedes tomar, pero debes saber que la ganancia varía radicalmente de acuerdo al sistema de distribución que elijas.

Te explico: Las regalías que te ofrecen las plataformas que hacen impresión por demanda, tipo Amazon, aunque en inicio suenan altas, no contemplan gastos de producción y envío. Por eso, cuando sumas todo, te das cuenta de que tu porcentaje de ganancia terminó siendo reducido a un 30% aproximadamente.

Por otro lado, puedes publicar a través de una casa editorial y ellos se encargarán de la distribución por ti. Si esa es la ruta que te interesa seguir, tengo material en mi página web en donde te explico todo lo que debes saber para hacerlo. Te adelanto que no es fácil lograr este tipo de acuerdos, pero hay cosas que puedes hacer y que debes conocer para lograr un contrato.

Parte de los beneficios que tienes cuando publicas con una editorial, es que no necesitas preocuparte por la distribución; pero debes saber que ellos no la garantizan en el 100% de sus clientes. Pueden garantizar tener tu libro en un catálogo, y si los libreros y distribuidores lo piden, ellos le venden; si no, pues tu libro no estará.

Te lo explico mejor: Digamos que ellos tienen un distribuidor importante que les cubre las librerías de Colombia, por ejemplo, pero ese distribuidor no se sintió atraído por tu libro porque no te conoce, o porque no le llama la atención el tema, no lo ordena. Entonces tu libro no estará en Colombia, aun cuando tu publicadora sí tenga distribución en ese país.

Ahora, digamos que ese distribuidor decidió intentarlo y ordenar diez copias de tu libro, pero resulta que ese país tiene miles de puntos de ventas y millones de lectores. ¿Realmente puedes descansar en que tu libro está en Colombia?

Quizás quieras buscar un acuerdo de distribución sin soltar tus derechos de autor. ¿Es posible? Sí, lo es. ¿Es fácil? No. De hecho, uno de los beneficios que reciben los autores con los que trabajamos, es que su libro es presentado con un distribuidor para que sea llevado al punto de venta. Pero debes saber que el distribuidor elige, y si selecciona tu libro te va a pedir un porcentaje de la venta del libro, que en la mayoría de las ocasiones va de un 50% a un 60%, lo que significa que tú ganas entre un 40% a un 50%. También puedes ir directamente a presentar tu libro a libreros que muchas veces piden el 40% de descuento. Tú ganarías el 60%.

Otra forma, que es la de mayor ganancia, es cuando vendes tu libro a través de tu propia plataforma online y te ganas el 100%. Este es mi método favorito. Puedes crear un ecosistema digital en donde promueves tu libro y cuando las personas hacen el pago a través de una plataforma web, recibes el ingreso completo de la obra más el costo de envío, y tú solo tienes que hacer el proceso de enviarlo.

Con este método, entre otros beneficios, puedes establecer una mayor relación con tus lectores, porque puedes dedicar el libro a quien lo recibe y hacer la experiencia personal. Yo disfruto hacerlo. Separo tiempo semanalmente para ello, porque me parece lindo y me ilusiona enviar detalles a los que me compran directamente. Hay autores que contratan a alguien para esta gestión, pero aun así la ganancia puede ser hasta de un 80%.

> Lo importante es que cuando publicas de forma independiente, debes tener un **plan de distribución** y ser consciente de detalles importantes para que puedas manejar tu libro como un negocio o un proyecto de relevancia en tu vida.

También te invito a asistir a eventos y llevar tu libro. Es hermoso ver la cantidad de personas que puedes conocer y las relaciones que se establecen gracias a él. Viaja con tu libro, ten tu libro contigo a donde quiera que vayas, nunca sabes quien lo pueda necesitar.

> Todo el tema de distribución va a depender de tu estilo de vida, tu disposición a involucrarte en el proyecto y tu interés en generar ingresos con él.

D de DISEÑO

Una parte esencial de tu libro es el **diseño** exterior e interior, que agrupa la portada, contraportada, los gráficos y la maquetación interna. Sin olvidar los diseños posteriores que se utilizarán en el mercadeo y promoción.

Es muy difícil hacer un buen mercadeo de un libro que está mal diseñado. En lo personal, no promuevo un libro con una mala portada o con errores de maquetación.

Comencemos por la **portada**. La portada debe expresar una emoción que atraiga al lector, porque tu libro se trata de él, más que de ti. Dicen que la portada vende, pero también hay portadas que matan ventas.

> Si bien es cierto que popularmente se dice:
> «no juzgues al libro por su portada», la realidad es que lo hacemos aun cuando no tengamos la intención, porque también dicen que «todo entra por los ojos».

Definitivamente cuando vemos una portada atrayente caminamos directamente hacia el lugar donde está y nos interesamos por saber cuál es el contenido del libro. Pero cuando una portada nos parece desagradable o poco atrayente, podemos mirarla por curiosidad, pero desde ese momento ya estamos teniendo un bajo concepto del contenido.

¿Alguna vez has visto un gran título en una portada terrible? Yo recuerdo uno. El libro tenía tremendo título, pero para mis ojos la portada era pobre con relación al tema y a la autoría. Yo conocía a esa persona y con mucho respeto le pregunté por la portada y me confesó que tampoco le gustaba, pero que había sido decisión de la casa editorial y no pudo dar su opinión.

Con esto quiero que entiendas que parte del beneficio y privilegio de publicar independiente es que, dado que tú gestionas los esfuerzos, tú tomas las decisiones. Entonces, aprovecha para esforzarte por crear una portada de calidad y excelencia. También te digo que es necesario rodearse de profesionales con ojo clínico que te puedan dar una retroalimentación correcta por si la idea que tienes en mente no está bien. Hay autores que se vuelven tercos con una idea y no permiten que personas con más experiencia o conocimiento les dirijan. No hagas eso; recuerda que en la multitud de consejos hay sabiduría.

Es bueno que tengas confianza en lo que estás produciendo, pero ten cuidado de no convertirte en el necio de la historia. Hay momentos en donde debemos dejarnos llevar por el profesional, aun cuando lo que nos estén diciendo no sea lo que nosotros teníamos en nuestra mente. No siempre lo que está en tu mente y en tu corazón es lo mejor a hacer. Será por tu propio bien y el bien del libro. No quieres haber trabajado tanto para insistir en una portada que arruine la venta de tu libro.

En lo personal, si cuando muestro la portada a mi equipo, ellos no la aman, entonces esa no es. Yo quiero que la portada sea genial. Muchas cabezas profesionales con experiencia y conocimiento te pueden dar consejos sabios para saber cuál decisión tomar, y cuál es la mejor alternativa para una portada única y memorable.

También es importante que definas si vas a utilizar tapa blanda o tapa dura. Usualmente imprimir en tapa dura es más costoso y la impresión toma más tiempo; también hay modalidades de tapa blanda con zonas de brillo o materiales especiales. Te recomiendo evaluar eso antes de comenzar a diseñar, para que sea un aspecto a considerar en el proceso.

Diseño interior

Nota la simplicidad en la tipografía de los libros. El tamaño de la letra con que se trabaja el diseño interior de tu libro es de vital importancia. Tu meta debe ser que tu libro sea legible.

Es también importante considerar el tamaño que se guarda en los márgenes, ya que puedes darte cuenta inmediatamente si el libro fue diseñado por un inexperto cuando esos márgenes no se respetan. Hay aspectos gráficos que saltan a la vista de cualquier profesional en la industria de los libros, que si tu obra no los tiene, no va a ser considerada una obra de un autor profesional.

Hoy día están de moda los libros a todo color. Se ven espectaculares, yo estoy loca por hacer uno así, pero el costo de impresión cambia radicalmente. Considera el precio antes de hacerlo.

También debes tener en cuenta que si quieres incluir gráficos o ilustraciones, estas deben ser originales o libres de derecho para evitar problemas legales. Además, deben tener un balance con relación al contenido del libro para que no sea un diseño sobrecargado o exagerado.

Tu lector va a pasar horas con tu libro, haz su estadía agradable y deseable. Dale la importancia que requiere al diseño, pues es el lugar en donde va a vivir la experiencia de leerte. Yo intento planificar para no sobrepasar trescientas cincuenta palabras por página, de modo que pueda usar un tipo de letra cómoda a la vista.

Diseño del lomo

Algunos diseñadores no entienden la importancia que tiene esta área del libro. Muchas veces, según la posición en la que el libro se coloque, un mal lomo puede ser una oportunidad perdida si no se ha utilizado correctamente.

El lomo debe contener la información de la portada (título y nombre del autor), pero en un espacio mucho más pequeño. Para poder hacer el diseño del lomo necesitas calcular la cantidad de páginas que el libro va a tener, para determinar el grosor con el que debes contar para ello.

Diseño de contraportada

Aunque no lo creas, la contraportada es un espacio de venta. Aquí puedes escribir nuevamente el título del libro, y una frase clave que quieres que el lector reciba para que capte su atención.

El texto no debe exceder las trescientas palabras y, si es posible, debe ser redactado por alguien con conocimientos en redacción persuasiva o *copywriting;* alguien que sepa cómo destacar las palabras claves y las ideas más importantes de tu libro. El diseño debe ser sencillo pero en concordancia con la portada.

En esta sección resumes, en tres puntos, el contenido del libro y explicas las razones por las cuales tu lector debe comprarlo y leerlo. Esta puede ser la única oportunidad de conectar con la persona que podría ser tu lector. Así que es crucial que se desarrolle de forma ágil y que realmente represente lo que el libro contiene.

Además, debe incluir el precio, el código de barras, el BISAC (de esto te hablaré en la sección de registro de tu obra), e, idealmente, la foto del autor con una pequeña biografía.

¿Quieres destacarte y que tu libro visualmente también sea de calidad? Haz una búsqueda antes de seleccionar a ese profesional gráfico que va a crear un diseño de excelencia, ingenioso, creativo, pero altamente legible, y, sobre todo, profesional.

Te invito a pasar por algunas tiendas de libros y observar los distintos estilos de diseño, las variedades, las diferencias y las similitudes en el diseño interior y de portada. Te animo a analizar qué tipo de imágenes se emplean, cuándo debe contener imágenes y cuándo no. Considera analizar cuantos más libros puedas, para que tu ojo clínico se desarrolle y seas más crítico a la hora de evaluar si lo que te están presentando es adecuado para tu obra y va acorde con el mercado al cual quieres llegar.

D de DESCRIPCIÓN

Aprender a escribir la **descripción** de tu libro, de modo que realmente haga que las personas se interesen en comprarte, es fundamental para aumentar tus ventas y generar expectación.

La descripción incluye la información necesaria sobre lo que sucederá en el libro, logrando que el lector anhele respuestas a todas las preguntas que pasan por su mente, si el autor ha logrado escribirla de forma cautivadora.

Debes tener un texto de descripción en la contraportada, otro para tu página web, y otro para las plataformas digitales en donde publicas tu libro, como Amazon. Si tu libro lo distribuye un librero con página web, va a querer utilizar una buena descripción para simplificar el proceso de darlo de alta y con el fin de que ese texto ayude a generar ventas sobre el mismo.

Para los autores noveles es aún más importante crear una gran descripción del libro, de modo que cuando las personas lleguen a él, se sientan atraídas a comprarlo o descargarlo.

Te comparto algunas ideas de cómo escribir una descripción de un libro que atraiga a los lectores:

- Comienza con una oración de gancho.
- Escribe en tercera persona.
- Usa palabras que evoquen emociones.
- Ofrece pistas sobre la trama, sin revelar demasiado.
- Céntrate en el contenido del libro, no en ti como autor.
- No reveles el final... ¡Por nada del mundo!
- Incluye un breve testimonio, si lo tienes.

Si el libro es de no ficción, ofrece una descripción general de los conceptos o hechos nuevos y emocionantes que el lector va a aprender. Si el libro es de autoayuda, es necesario explicar por qué estás calificado para escribir sobre este tema en particular. Los lectores quieren soluciones, no información. Asegúrate de contarle cuáles son los problemas que puede solucionar con tu libro, o las horas que puede economizarse al leerte.

E de ESCRIBIR

¡Escribe! Tan obvio como parece, pero es la parte más importante del proceso. Podemos compararlo con el tiempo del embarazo: cómo se alimenta la mamá, cuánto ejercicio haga, cuánto descanse, las vitaminas que consuma, o el asesoramiento profesional que reciba, va a ser determinante para que esa criatura nazca saludable.

Pues no es diferente con un libro. La diferencia entre dar a luz un libro y dar a luz un bebé es que con los bebés sabes que el tiempo natural de embarazo son nueve meses; pero con un libro el tiempo natural depende de múltiples factores.

- El tiempo del que dispongas para dedicarle a la escritura.
- Lo disciplinado que seas para mantener el ritmo.
- Cuánto necesitas investigar sobre el tema y cuánto ya conoces sobre el mismo.
- Cuánta inspiración tienes en el proceso.

Algunos de estos factores se salen un poco de nuestras manos, pero hay uno muy particular del cual necesitas tener control, y es la disciplina para escribir. Elige una hora del día que te funcione, un día a la semana y un lugar en específico. Cada autor es diferente.

En mi caso, he tenido experiencias muy diversas. Yo tengo una personalidad sanguínea, combinada con colérica; es decir, soy inquieta y muy relacional; me gusta estar rodeada de personas y me gusta el ruido; olvido las cosas con facilidad y me distraigo constantemente, batallo para concentrarme y me encanta divertirme. Todo lo que me haga reír y me haga sentir divertida es como azúcar para las hormiguitas de mi corazón.

Cuando esa parte de mi personalidad está dominando mis días (que es la mayor parte del tiempo), debo ser muy creativa e ir cambiando de sitios para escribir, e incluso escribo mientras camino. Así es, utilizo la función de dictado en mi celular y salgo a caminar y a dictar mis libros. Te he revelado mi mejor secreto para escribir y espero que sea de bendición para ti. Mi editora me llama «la autora andante», a mí me gusta llamarle a este estilo «escritura sobre piernas». Creo que escribiré un libro sobre esto.

Te mencionaba que hay otra parte de mí que es colérica; me gusta llamarle «la parte leona». Ese otro matiz necesita el orden, la estructura y las tablas de Excel que me permiten ordenar mis ideas fácilmente.

Para satisfacer esa otra parte, diseño un documento para cada libro, en donde coloco los capítulos que voy a escribir, el resumen del contenido de cada uno, y un área de *status*. De esta forma voy trabajando en un capítulo de forma individual y, al finalizar, escribo en dónde estoy con ese capítulo. Cuando la creatividad se activa, busco mi tabla y veo los capítulos pendientes de ser escritos o completados y donde mi corazón salte, ahí me concentro en escribir ese día.

E de EDICIÓN

Ahora hablemos de la **edición**. Va después de la escritura, porque no se puede editar un libro hasta que el autor haya terminado de trabajar en su obra. Una vez terminado, se lo envías al editor.

> El editor debe ser tu mejor amigo en la creación de un libro. **El editor profesional te corrige, te ayuda, te orienta, te ofrece una perspectiva diferente, ve fallos que tú no has visto, y con neutralidad y respeto, cuida y ama tu obra para hacerla una de calidad.** Un buen editor es quien, en muchas ocasiones, te ayuda a salir de bloqueos en los que te encuentras, o te trae de regreso cuando te has ido hacia un rumbo desconocido que no estaba planificado para el libro.

Necesitas entender que el editor no solamente hace una corrección de la ortografía, trabaja mucho más que eso; es tu socio en la creación de la obra. Tu editor lee el manuscrito, hace aportaciones y críticas, revisa que la historia fluya correctamente, se asegura de que haya coherencia entre los sucesos, los personajes y las situaciones cuando se trata de una obra de ficción, y que tenga la cadencia correcta cuando es una obra de no ficción.

Quiero añadir que hoy tú estás leyendo esta obra finalizada y quizás piensas que el crédito es solo mío, pero debo reconocer que la asistencia, sugerencias y el apoyo de Gisella, mi editora, fueron vitales para el logro de este proyecto. Hubo un momento en que me bloqueé y pensé incluso en no publicar, pero ella fue la persona que me ayudó a regresar al propósito y encontrar el norte para concluir la obra.

Hago hincapié en esto porque estoy totalmente en contra de personas que autorrevisan su libro sin que pase por las manos de un editor profesional. Por favor, no te fíes de ti mismo, porque te ciegas y no ves los errores. Tampoco busques a un maestro de escuela o a un amigo con buena ortografía para hacer este trabajo.

Yo **no** promuevo un libro que no ha sido editado por un profesional. Te cuento por qué: Uno de los elementos que un editor profesional debe revisar son posibles complicaciones legales, ya sea por plagio o por uso indebido de una referencia, falta de ella y hasta por difamación. Un editor no es un abogado, pero debe tener un ojo clínico para detectar posibles problemas y buscarles solución, o mandar a verificar esa parte con un abogado editorial que les oriente.

Cada libro debe tener una hoja con la información de *copyright* del libro. Un editor sabrá cómo crearla y te garantizo que muchos libreros y distribuidores leen esta página para ver quien editó el libro. Si el editor tiene una carrera, puede ser de gran beneficio para tu libro; no tener editor te puede cerrar muchas puertas.

Hay requisitos no hablados que revelan si el libro pasó por edición profesional y aunque sea tu primera experiencia como escritor, no querrás lucir como ignorante. Estoy segura de que deseas que te respeten como autor y que puedan decir: «¡Esta es una gran obra! Y aún siendo su primer libro y habiéndolo publicado como autor independiente, lo hizo con excelencia»

> ¡Vamos a subir la vara de la publicación independiente! No hay nada negativo con que sea tu primera vez como autor, pero hazlo bien; invierte en profesionales y no tengas la menor duda de que lo vas a recuperar. No te aconsejo economizarte unos dólares en esa área, porque el precio a pagar va a ser muy alto y quizás te aleje de una posible carrera como autor. Quieres que tu libro sea un legado y no una vergüenza que tengas que recordar siempre. El libro perdura, por tanto, invierte en crear un producto de alta calidad.

E de ESTRATEGIA

La **estrategia** es el arte de concebir y dirigir las operaciones de un proyecto. Son una serie de acciones muy meditadas, encaminadas hacia un fin determinado.

Mientras que tu libro está en edición, es importante que separes un tiempo para desarrollar tu estrategia. Una vez dejas de escribir, tu próximo trabajo es crear.

En esa etapa debes desarrollar lo que será tu plan estratégico para vender, distribuir y promocionar correctamente tu libro. Es el mapa que te va a ayudar a saber los pasos que debes dar para que ese lector que necesita recibir lo que tu libro contiene, conozca que existe.

> No se trata de vender; se trata de comunicar efectivamente las soluciones que tu libro ofrece, para que ese lector pueda encontrarlas.

Vamos a deshilvanar un poco el tema de la estrategia:

La estrategia va antes del plan, porque necesitas ir de macro a micro. Para un autor que va a ser publicado por una casa editorial, este trabajo le corresponde al director de mercadeo. En este caso, si vas a publicar independiente, te corresponde a ti. Puedes lograr un buen producto contratando a profesionales para cada área, pero es el buen mercadeo de tu libro, la correcta estrategia, la que lo va a convertir en uno exitoso frente a otros.

Visualízalo con este ejemplo: Luis tiene mucha hambre y quisiera comer un buen plato de comida criolla. Hay comida criolla en todas partes, pero tú eres propietario de un excelente restaurante de este tipo y quieres que Luis te descubra. Antes de que Luis tenga hambre ya tú debes haber planificado la estrategia para que él llegue a ti.

Preparemos la ruta a la estrategia a partir de cuatro pilares: valores, misión, visión y propuesta de valor.

Tus **valores**:

Define la forma en que quieres hacer las cosas. Esto te librará de muchos problemas en el camino.

> Las personas exitosas consideran sus valores todo el tiempo, en todo lo que hacen.

Cada acción que realices debe estar alineada con los valores básicos que has establecido para tu carrera como autor. Para mí, por ejemplo, un valor esencial es producir libros de excelencia cuidando los detalles y el profesionalismo.

Elabora una lista corta, de no más de cinco valores que quieres mantener en tu carrera como escritor. Puede ser la honestidad en tus negociaciones, la transparencia con tus seguidores, tu pasión por continuar aprendiendo de esta carrera editorial, entre otros.

El segundo es tu **misión**. ¿Cuál es la razón de ser de tu libro?

Tengo una amiga que escribió un libro enfocado en destacar los diversos matices y dones que las mujeres tenemos, pero su misión detrás del proyecto era ayudar a mujeres sin hogar. Ella daba talleres a estas mujeres con su libro, se los regalaba y les entregaba lo que había logrado recolectar para ellas en presentaciones públicas. Había una misión altruista tras su libro.

Mi misión con este libro es ofrecer soluciones a nuevos autores para que sus proyectos logren éxito y reconocimiento.

El tercer pilar es tu **visión**.

La visión la construyes alrededor de tus valores y es una extensión de tu misión. Lo ideal es que tu visión tenga un plazo de tiempo. Debes tener un panorama claro y medible de lo que quieres alcanzar.

Mi visión es ayudar a elevar el nivel de la publicación independiente en un plazo de cinco años.

El último es la **propuesta de valor**.

Este es el conjunto de beneficios que se le darán a un cliente o, en este caso, a un lector. Es la gran promesa por la cual una persona va a querer leer tu libro.

La clave del éxito de una propuesta de valor es conocer a tu lector y saber cuál es tu diferenciador. Por ejemplo, mi propuesta de valor incluye que la persona que adquiere este libro, no solo aprende lo que aquí comparto, sino que también le abro puertas de oportunidades para otros recursos de ayuda, para continuar apoyándole.

Cuando desarrolles la estrategia, piensa a quién quieres ayudar y qué te gustaría hacer para lograrlo. De esta forma, cuando lo presentas, no sientes que estás vendiendo algo; sino que estás presentando la expresión creativa de una misión en la que estás invirtiendo tu tiempo y recursos. Luego trabajaremos en el plan y es ahí donde definiremos las tácticas para lograr tu estrategia.

Yo soy del pensamiento que un libro no se desarrolla trabajando solo; debes contar con un equipo de trabajo que pueda ayudarte en este proceso. Y cuando se trata de idear el plan estratégico, es necesario que puedas contar con personas especializadas en el área para que no termine en esfuerzo, tiempo y dinero mal invertido.

Una gran forma de hacerlo, es a través de la lluvia de ideas, que, en lo personal, me fascinan porque creo que es el comienzo de todo buen plan creativo. Por eso, te recomiendo, como parte de tu estrategia, hacer una lluvia de ideas con todo aquello que tu libro puede incorporar.

Cuando pensé en este libro, comencé haciendo una lluvia de ideas a través del abecedario. No era mi intención original publicar algo así; sin embargo, según surgían las ideas sobre las distintas letras en mi mente y en mi corazón, vi que era un gran proyecto y decidí compartirlo. Si leyendo este libro te inspiras a comenzar con tu lluvia de ideas, por favor envíame un email y cuéntame. Me encantaría leer tu experiencia.

No le tengas miedo a la lluvia de ideas antes de publicar tu libro. Te va a sacar de tu zona de comodidad y te va a llevar a imaginar todos los matices que puedes darle a tu libro. Ese es el motor que te acerca a la creación de una estrategia. A partir de ahí podrás concretar, modificar, descartar, o añadir otros ángulos que enriquecerán tu obra.

> ¡Sueña en grande!, pon ideas en papel, y luego define si las podrás llevar a cabo. Todo comienza en nuestra imaginación y en esa poderosa estrategia para publicar tu libro.

E de EDITORIALES

Comencemos por entender un punto fundamental: Hay más autores que **editoriales**.

Dejándonos llevar por un famoso dicho popular que indica que cada persona debe tener un hijo, plantar un árbol y escribir un libro, tenemos un mundo sobrepoblado de textos. Para mí, no hay nada malo en ello porque somos cartas vivas. Tenemos propósitos y sueños y no me gusta descartar el sueño de alguien más, por un tema de dólares y centavos. Pero hay una realidad:

> Las editoriales no son responsables de hacernos los sueños realidad; lo somos nosotros mismos.

Como ya te he dicho antes, trabajé en una casa editorial. Recuerdo haber tenido que decir no a proyectos que quise decir sí, y decir sí a algunos que hubiese querido no publicar. Te lo comento porque es importante que entiendas que en las editoriales las decisiones se toman basadas en cifras. Como autor te definen tus logros en ventas, o tu potencial reflejado en números de seguidores; es un negocio, no es nada personal.

Quiero tomarme unos breves párrafos para comentarte las razones por las cuales es genial publicar con una casa editorial, y las razones por las que a veces conviene autopublicar.

¿Por qué sí? Porque no tienes que producir tu obra, ellos lo hacen por ti. Tú no tienes que pensar en nada relacionado con el tema de producción ni pagar por nada. Ellos te apoyan con algunos temas de marketing sobre tu libro, pero recuerda, tienen un portafolio de cientos o miles de libros, por lo que no pueden apoyar a todos y solo lo hacen con los de más ventas.

En ocasiones, no siempre, dependiendo del potencial que vean en ti y lo mucho que deseen publicarte, te ofrecen un adelanto en efectivo por escribir. Digo no siempre, porque dado a cambios en la economía de los negocios, hay una tendencia a no ofrecer adelantos a todos los autores, sino que cada caso es particular. Además, las cantidades ofrecidas varían y dependen de diversos factores. Hay editoriales grandes, medianas, pequeñas y boutiques, y cada una tiene políticas y procedimientos diferentes.

Ellos te colocan en sus catálogos de ventas y tienes posibilidades de que tu libro llegue a todas partes del mundo. Si aplica, te mandan un cheque anualmente con los pagos de las regalías. Ese porcentaje fluctúa, pero varía entre el 10% al 20% en los mejores casos.

Dependiendo de la editorial, algunas te pagan los gastos de viaje y, en ocasiones, el hospedaje, cuando quieren que participes en una feria o presentación especial. Esto te ubica en una posición en donde las personas, e incluso, los libreros, te ven con más seriedad y respeto. Ser un autor publicado por una editorial te abre puertas y ayuda a hacer crecer tu marca personal.

Vamos ahora a ver las razones que hacen que esto no sea ideal en todos los casos:

Cuando publicas con una casa editorial, firmas un contrato en donde cedes los derechos de autor, normalmente por diez años. Lo cual quiere decir que para trabajar con el tema de tu libro, o crear productos relacionados, tienes que pedir permiso y en ocasiones no es otorgado. Por ejemplo. Si escribes un libro y el contrato no indica que ellos harán el audiolibro, pero tú lo quieres hacer, es muy posible que no te lo permitan. Típicamente estos contratos también establecen un tiempo de exclusividad antes de publicar otra obra, después de haber publicado con ellos.

El tema del contrato pienso que es algo que puede ser negociable y que debes hacerlo muy al comienzo; el mejor momento es cuando ellos están muy deseosos de publicarte. Si el deseo es mayor por tu parte que por la suya, es un poco más difícil negociarlo.

Con el punto con el que yo me peleo mucho, porque soy creativa por naturaleza, es con la toma de decisiones sobre el producto. Ellos pagan la producción y la dirigen, por tanto, si bien algunas casas editoriales permiten al autor formar parte de las decisiones sobre portada, no todas lo hacen.

Ellos tienen la potestad de decidir la portada, el diseño, los formatos adicionales (si van o no a hacer audiolibro, *ebooks* y traducciones). Pueden hacer cambios en tu obra que tú no habías previsto, incluso pueden sacar tu libro de impresión, aun cuando la vigencia del contrato de diez años siga activa. Quizás quieras ir a viajes, pero a ellos no les parece, entonces no están forzados a llevarte con gastos pagos.

Tampoco puedes reeditar fácilmente tu libro, tomar decisiones de precios, crear ofertas o incluir materiales de estudio, a menos que ellos te autoricen. Si te quedas con ellos no tienes el control de con cuánta frecuencia vas a publicar; ellos definen eso dependiendo de su línea de publicación, tus resultados en ventas y políticas internas. Hay casas editoriales que tienen por política no publicar nuevamente a un autor antes de veinticuatro meses de haber sido publicado por primera vez.

Es por esto que hemos visto una tendencia en aumento de autores que autopublican, cosa que antes no se daba tanto. Recuerdo el caso de un autor que compró todo el inventario de sus libros a una casa editorial, pagó por sus derechos de autor de regreso y comenzó su propia distribución directa. Por supuesto, era un autor con el capital para hacer esa gestión.

Quiero que no te saltes la N de negocio que he escrito pensando en cómo ayudarte a ver el potencial de tu libro desde otro perfil.

F de FASES

Cada proyecto tiene **fases** y un libro no es diferente. Cuando estás escribiendo o cuando vas a presentar una obra, tu plan debe ir escalonado de la siguiente manera:

1. **Fase creativa**: Es el momento en el que estás esbozando el tema del libro, el título y hasta las primeras ideas para la portada. Luego pasas a una etapa de desarrollo de la estrategia y la planificación en donde necesitas saber cómo vas a producir el libro. Aquí es necesario identificar los tipos de ayuda que requieres para desarrollarlo y establecer los tiempos para tu proyecto. Planifica tus capítulos y comienza a escribir.

2. **Fase de producción:** Toma el tiempo que necesites para escribir hasta que la obra esté bastante completa y pueda pasar a manos de un editor. Una vez el editor trabaje en el manuscrito, vendrá un proceso de pulido sobre el material, en el que se revisa varias veces hasta estar seguros de que está listo para pasar a la etapa de diseño y maquetación.

   Esta parte debe ser realizada por un profesional de diseño gráfico, preferiblemente especializado en el área editorial. Mientras lo hace, tienes un tiempo disponible para comenzar a crear tus materiales de mercadeo para el libro. Vas a disfrutar mucho la ruta del autor que he diseñado para ayudarte a visualizar el proceso.

   Todo esto se llama la fase de producción, porque estás creando un producto desde cero, hasta que está listo para ser distribuido.

3. **Fase de lanzamiento**. Aquí debes tener toda la estrategia bien pensada y lista para la implementación. En esta fase necesitas estar involucrado en hablar de tu libro y estar dispuesto a compartir estratégicamente en tus redes sociales sobre lo que está sucediendo con tu obra. Esta fase se empieza a mezclar con la fase de promoción. En la sección de «Los 15 esenciales de mercadeo para autores» te comparto las variadas formas de hacer un buen l anzamiento.

4. **Fase de promoción**: Dar a conocer tu libro debe ser la parte más larga de tu proceso. Popularmente se dice que la vida de un libro es de noventa días, pero, en lo personal, creo que esa aseveración es incorrecta. Si bien es cierto que los primeros noventa días de tu

libro son esenciales para su promoción y la difusión del mensaje, tu obra no muere ahí.

Nuestras librerías están llenas de evidencias de que un buen libro con un buen contenido y un buen plan de mercadeo puede seguir siendo famoso a través de los años. Un libro pudo haber tenido un comienzo un poco lento y luego, gracias a una buena estrategia, puede darse a conocer y aumentar su popularidad año tras año.

5 **Fase de preventa:** Aunque ocurre antes del lanzamiento y es muy importante, no la mencioné antes porque no es una fase obligatoria, sino opcional. Es una estrategia fascinante de la cual te daré más detalles en «Los 15 esenciales de mercadeo para autores».

Diseñar una estrategia para vender anticipadamente tu libro es muy sabio, y hecho de la manera correcta, puedes incluso recuperar tu inversión antes de publicar el libro.

Te darás cuenta de que, en ocasiones, estarás trabajando en más de una fase al mismo tiempo, ya que en algunos momentos estas se pueden realizar simultáneamente y en otros, tienes que esperar que algunos procesos sucedan antes de pasar al siguiente. Vas a ver un diagrama en la segunda parte de este libro en donde te explico mejor esto.

Recuerda que el orden altera el resultado en la publicación de un libro. No te adelantes ni te saltes fases importantes. De esa manera vas a poderte asegurar de que tu sueño no se convierta en pesadilla para todos los involucrados en la producción de tu libro.

> Trabaja con tiempo y no postergues. Este es tu tiempo de publicar. Estás en la fase de aprendizaje que te va a acelerar el resto del proceso.

F de FORMATOS

Algo fundamental que también debes tener en cuenta, es el **formato** en el que vas a publicar. Tú puedes decidir publicar tu libro en formato digital o impreso, e inclusive hacer un audiolibro, aun así, mi recomendación es que apuntes a un libro impreso como una alta prioridad.

Formato impreso. Hay una realidad y es que las ventas de libros impresos siguen cargando un peso de ventas mucho más significativo que los demás formatos.

Es indudable que otros métodos de lectura han surgido, sin embargo, el ser humano continúa sintiendo una atracción considerable hacia el papel, el olor del libro impreso. El efecto que produce tocar, oler, sentir, mirar y leer un libro hace difícil desplazarlo.

Por eso, hoy en día tantas obras han respetado un espacio para el ser humano creativo que le gusta escribir a los bordes del papel, e inclusive tener un área para reseñar las enseñanzas que el libro deja. Se da una interacción incomparable entre el lector y el libro impreso que no logra ningún otro artefacto digital.

Por tanto, si bien te recomiendo mirar todas las alternativas y formatos disponibles para publicar, no descartes el papel, que además es una herramienta que puedes tener a mano en donde quiera que vayas.

Quiero que sepas que el 90% de los ingresos de mis libros previos vinieron de las copias impresas que se vendieron por envíos directos, libreros que me ordenaron para sus tiendas y eventos presenciales. Tengo un pequeño espacio en mi casa, muy bien organizando, y mantengo un inventario de acuerdo a lo que planifico hacer.

A todas partes llevo libros conmigo, hago una orden inicial grande con un plan para que se mueva rápido, y luego hago pequeñas reimpresiones de acuerdo al movimiento y los planes. Nunca sabes cuándo estarás frente a tu nuevo lector, ese que justo hoy necesita lo que tú ayer escribiste.

Te cuento una pequeña anécdota que demuestra que circunstancias que parecen ser malas, al final logran ser buenas, si aprovechas la oportunidad: En el año 2020, viajé a un evento en Puerto Rico al cual fui invitada. Dos días antes del evento, la isla volvió a aumentar los códigos de seguridad sobre el COVID y se creó una gran alarma.

Al evento llegó solamente el 10% de la asistencia esperada, y me había llevado diez cajas de libros. Había pagado un alto costo de envío y las hice llegar semanas antes para que estuviesen a tiempo. Cuando el evento terminó, había vendido menos de una caja. Estaba bastante preocupada porque tenía que regresar a Estados Unidos, y me iba a costar mucho dinero regresar todas las demás cajas.

Esa situación me forzó a salir de mi zona de comodidad y arriesgarme a hacer algo que a la mayoría de los autores no nos gusta hacer: pedir ayuda puerta a puerta. Comencé a llamar y a visitar librerías en Puerto Rico presentando mi libro. Fui honesta en contarles la situación y ofrecí dejarlo a comisión. Todos me dieron la mano, pude ver la bondad de los dueños de las librerías y mi corazón estaba conmovido. Algunos hasta me pagaron los libros al momento, lo cual yo no esperaba.

Para hacerte la historia más corta, gracias a esa situación conocí a quien hoy es mi distribuidor exclusivo en Puerto Rico. Grandes puertas se abrieron y una de ellas me llevó a tener distribución en dos cadenas de tiendas nacionales muy importantes.

> La humildad de pedir ayuda tiene una llave preciosa hacia el éxito. No tengas miedo de imprimir, no tengas miedo de aprender y no tengas miedo de pedir ayuda para lograr el éxito con tu libro.

Hay dos formas en las que puedes imprimir:

La forma tradicional es imprimir un libro bajo el formato de impresión *offset*. Este es el sistema que se usa idealmente cuando vas a imprimir más de mil copias. La calidad es superior y el costo por impresión es menor. Y cuando te digo menor, es porque en ocasiones te puede sorprender lo que puedes conseguir, pero debes trabajarlo con tiempo. Esto es porque al ser proyectos de tiradas grandes, cuando hay un libro de una impresión mayor previo al tuyo, puede poner en riesgo tus tiempos.

En el formato de impresión digital puedes trabajar tiradas cortas y hacer impresión por demanda. El precio por unidad es más alto, pero es excelente para cuando necesitas operar con rapidez y tener tus libros listos en una fecha específica.

Muchas imprentas digitales han mejorado sus precios y su calidad de impresión buscando competir. Debo decir que la calidad en la mayoría de los casos es buena.

Formato audiolibro

Según el Informe Bookwire acerca de la evolución del mercado digital en español, los ingresos globales que han percibido las editoriales a través de plataformas de subscripción de este tipo de formatos crecen significativamente año tras año[5].

Los audiolibros se vislumbran como el futuro, pero ese futuro ya está aquí. Las personas sienten que escuchar un libro les da libertad para continuar haciendo sus tareas, trabajando o haciendo ejercicios, razón por la cual lo están prefiriendo. El audiolibro estimula la imaginación y mejora la concentración. Con los audiolibros debes estar pendiente a lo que se lee, comprender lo que se dice, e ir asimilando el mensaje. Escuchar un audiolibro incrementa la comprensión de lectura y lleva a mejorar las capacidades de atención y concentración.

Otro de los beneficios es que conecta de una forma más profunda con la historia o el tema, sobre todo cuando hay varias voces en la narración. La entonación de las palabras y la voz de quien lee, es de vital importancia para que el lector conecte.

Considero que lo ideal es que sea la propia voz del autor quien lea el libro, pero necesitas poder hacer entonaciones y modular la voz para que sea agradable al oyente. Yo, en lo personal, percibo que retengo más información cuando escucho un libro que al solo leerlo. Y si hago ambas cosas simultáneamente, la experiencia es aún mejor.

Formato *ebook*

Lo mejor que tiene el formato *ebook* es que puedes llegar a cualquier parte del mundo sin los inconvenientes de distribución que tiene el libro impreso. Te ahorras el costo de impresión y de envío, las comisiones de los distribuidores o libreros, gestiones de aduana y gastos de almacenamiento. Al tener todos esos ahorros lo ideal es que es el precio sea significativamente menor.

Una estrategia de mercadeo que usan muchos autores que han logrado alcanzar superventas en Amazon, es marcar un precio mucho menor a su libro digital.

Ahora, también existe el préstamo electrónico y esto ha traído mucho nuevo mercado a este formato. Además, las campañas de protección ambiental para salvar árboles y reducir el uso de papel, aumentan la demanda de libros electrónicos.

Es un hecho que el impacto que causó que las librerías estuvieran cerradas en 2020, produjo que las ventas de libros electrónicos aumentaran. Por esta razón, tener tu libro en formato *ebook* es esencial.

La tecnología sigue desarrollando mejores teléfonos con mayores funcionalidades. El mercado europeo es el de mayor crecimiento en este sentido, seguido de Estados Unidos y Canadá. El mercado latinoamericano se ha tomado más tiempo en aceptar esta modalidad. Con esto en mente, piensa: debemos estar preparados para esa ola, y para ello, ¿qué mejor que tener nuestros libros en formato *ebook*, listo para llegar a todas partes del mundo?

G de GESTIÓN

La creación de un libro es un proyecto lleno de gestiones que necesitas ir llevando a cabo en todo el camino hasta tener tu libro en mano. Por ejemplo, registrar tu libro en la librería del congreso, es uno de los múltiples trámites que quizás quieras hacer para publicar. Te hablaré del registro en la última parte del libro.

Otra gestión, a la que debes dedicarle un tiempo, es la de identificar a las personas que ejecutarán los servicios profesionales que necesitas contratar. En esta parte del proyecto te invito a entrevistarte con varios recursos antes de tomar la decisión de quién va a hacer el trabajo. Te recomiendo que, en cada gestión, no tomes decisiones solo por precio, sino que también tomes en cuenta la experiencia, similitud de ideas, química y profesionalismo.

Una gestión más que debes hacer es la de educarte. Estar leyendo este libro es un avance importante antes de que publiques el tuyo. Considerar registrarte en un programa que te pueda llevar paso a paso hasta lograrlo de manera profesional, es una gestión fundamental. Destina tiempo en tu agenda para aprender sobre el proceso.

En tu camino hacia la publicación, también debes incluir gestiones de planificación, desarrollo de presupuesto, búsqueda de cotizaciones, entrevistas a recursos profesionales, investigación, relaciones con otros autores, y exploración de libros que tocan temas similares al tuyo, entre otras. Aprende todo lo que puedas, haz la gestión de conocer el mercado al que vas a entrar.

G de GÉNEROS LITERARIOS

Saber esto te ayuda a clasificar los libros y a tomar un camino en la redacción.

Hay diversidad de criterios en cuanto a la cantidad de géneros y subgéneros literarios que existen. Según Aristóteles, existen cuatro, y algunos lingüistas modernos mencionan unos cuantos más. Voy a hablarte de algunos de ellos, pero te invito a profundizar al respecto para que continúes creciendo en conocimiento:

- El género **narrativo** consiste en una historia que incluye una serie de acciones, realizadas por personajes, en un espacio e intervalo de tiempo específico. Pueden ser reales o ficticios. ¿Sabías que el 50% de la Biblia es narración?

- El género **épico** es una narración en verso que típicamente incluye un episodio heroico en la historia de un pueblo.

- El género **lírico** es el nombre tradicional para eso que modernamente denominamos poesía. Sus orígenes antiguos estaban más vinculados al canto y a la música.

- El género **dramático** debe representarse en forma de tragedia o comedia. Explican ciertos eventos o conflictos en la vida humana, y su rasgo más característico es el uso del diálogo y la falta de presencia del narrador.

- El género **didáctico** surge de la clasificación moderna y tiene el objetivo de transmitir un conocimiento. Su valor no se encuentra en la narración, sino en el aprendizaje que se expresa en el escrito. Un ejemplo claro de este tipo de literatura es el ensayo.

Quiero añadir también el **discurso en prosa**. Es una secuencia de ideas o pensamientos en un argumento lineal que requiere respuesta lógica. Busca persuadir con razonamiento y te obliga a pensar lógica y consistentemente para que luego hagas algo al respecto. Podría decirse que el estilo literario de este libro es discurso en prosa.

G de GRUPOS DE LECTURA

¡Los **grupos de lectura** son geniales! Son una manera de alcanzar a más personas y estar conectado con tus lectores.

Te recomiendo que esto no lo dejes al azar. Puedes unirte a comunidades en las redes sociales que estudian libros, ser parte de tertulias literarias y visitar librerías para conocer a los lectores. Incluso puedes preparar una guía de estudio para grupos pequeños.

Por ejemplo, mi primer libro está orientado a ayudar a las mujeres para experimentar un proceso de sanidad en su espíritu y alma, ya que muchas veces no se habla de las heridas del pasado y el efecto que pueden provocar en nuestro diario vivir si no son sanadas. Pero, como entiendo que es un tema sensible y específico, que debe trabajarse a un nivel más personal, diseñé una guía de estudio para los grupos de damas de las iglesias.

También compartí en mis redes sociales la invitación a hacer un grupo de lectura en donde se unieran damas que han experimentado abandono, rechazo, maltrato, abuso sexual, o que son madres solteras. La guía ayuda a la persona al frente del grupo a dirigir las conversaciones después de leer los capítulos, e invita a cada tres capítulos tener una reunión.

Te sorprenderá ver los deseos de ayudar que las personas tienen. Se levantaron muchísimos grupos de estudios en diversas partes del mundo. Yo identificaba a la líder y le hacía llegar gratis la guía. Los libros para las chicas del grupo tenían un descuento especial. De esta forma logré conectar con muchísimas personas.

Siempre trataba de conectarme con ellas para el cierre del estudio mediante una llamada de Zoom. Esto no solo impulsó las ventas, sino que también ayudó a muchas vidas y a mí me llenó el corazón de mucha alegría poder ser de bendición. Con muchas de ellas desarrollé una relación personal que hasta hoy perdura.

De ahí salieron viajes, conferencias y talleres. En mis talleres de mercadeo para autores, ayudo a los autores a aprender a crear una guía de estudio sobre su libro.

G de GRATIS

La palabra **gratis** elimina riesgos en la mente de una persona que se siente indecisa sobre una compra. Es una forma de recompensa a aquellos que buscan buenas ofertas y gangas, y es una herramienta poderosa para diferenciarse de la competencia. Para las personas es siempre atractivo y genera placer recibir algo sin costo.

Con respecto a los anuncios, esta palabra debe destacarse en el título, en el llamado a la acción y en el texto de tu promoción.

Así que siguiendo la línea de ofrecer algo gratis, como bien puede ser la guía de estudio de la que te hablé anteriormente, quiero presentarte otras opciones:

Puedes ofrecer un capítulo gratuito de muestra. Para ello te explicaré un proceso más adelante. Te sorprenderá ver la cantidad de personas que entusiasmadas tras haber leído ese capítulo, harán su orden del libro.

Esta idea es una gran estrategia de promoción, y también aumenta tu lista de *emails*, lo cual puede generarte un gran retorno. Una persona que te da su *email* para recibir un capítulo de muestra gratis está interesada en leerte. Por esta razón, es más seguro que logres convertir a esta persona en tu cliente-lector. Utilizando una lista de correo electrónico puedes ganar al menos diez conversiones más que dependiendo solo de las campañas por medio de las redes sociales. Es superefectivo.

Si tú fuiste de las personas que ordenaron este libro online en la preventa, quizás recibiste varios beneficios adicionales. Pero sin importar cómo y dónde lo hayas adquirido, al comprarlo has recibido sin costo adicional: acceso a un *webinar* gratuito sobre cómo publicar tu libro, una invitación gratuita a los «*Podcast* de mercadeo para autores», y la invitación para registrarte en nuestra lista y ser parte de la «Tribu de autores» en Facebook, para seguir creciendo en conocimiento sobre tu libro.

Piensa en productos adicionales, ofertas o servicios gratuitos que puedas ofrecer a las personas que compren tu libro, y dales algo gratis.

H de HISTORIA

Las historias son la forma más universal de comunicación humana. Nuestro cerebro está diseñado para recibir información a través de ellas. Las historias nos entrenan para encontrarle sentido a los eventos que aparentemente suceden en la vida al azar, tomando cada uno de ellos y poniéndolos en una secuencia. Y luego, cuando están juntos, se empieza a encontrar el significado y el propósito de todo.

Las buenas historias siempre tienen un personaje que quiere algo y, a través de los protagonistas, el autor puede explorar las grandes preguntas de la vida, como: ¿quién soy?, o ¿qué es lo que verdaderamente importa en la vida?

Las historias siempre involucran un conflicto, algún reto que superar y, como pasa en nuestras vidas, nos obliga a pensar en nuestros propios retos y en qué podemos hacer al respecto. La historia debe terminar con una resolución que nos brinda esperanza.

Ahora hablemos del hilo de la **historia** en tu libro:

Un libro debe tener sentido coherente, una buena estructura y una planificación previa. El cerebro encuentra placer en el orden. Los cambios bruscos en la historia de un libro hacen que el lector se sienta perdido. Por eso, cuando comienzas a leer un libro y percibes estar frente a una lluvia de ideas sin sentido, pierdes interés. Ahí radica la importancia de que tu libro tenga un buen hilo conductor. Ese hilo le da sentido al texto.

Personalmente yo diseño un plan de texto, previo a la escritura, para ayudarme a tener coherencia. Luego trabajo el borrador de la idea para comenzar a fluir, y este borrador es el que, como te comentaba antes, realizo caminando. Luego, ya con la idea plasmada, puedo evaluar si ese texto contó con la cadencia de una introducción, un desarrollo y una conclusión. Como te mencioné en un principio, este libro no es de escritura, pero hay ciertos factores que debes asegurarte de conocer para que tu libro sea uno de éxito.

Puedes tener un mercadeo genial, pero si el libro es malísimo, no tiene una buena estructura de ideas, ni un hilo de la historia correcto, va a fallar.

Desarrollar tu libro con la idea en mente de estar contando una historia te va a ayudar a mantener al lector interesado. Queremos poder narrar sucesos sin dejar de lado el mensaje, la enseñanza o el concepto que se quiere presentar.

> Contar historias es todo un arte y si lo logras en tu libro, te aseguras un éxito contundente.

Ahora quiero hablarte de «tu historia de la historia», es decir, cómo presentas tu libro a otros. Es importante que desarrolles una secuencia de ideas claras para que puedas contar una historia cuando presentes tu libro. Mientras más sencillo y contundente sea, más vas a poder cautivar la atención de quien te escucha.

Escribe un breve discurso de elevador sobre tu libro y luego, desarrolla el relato de presentación de tu obra. Explico más sobre esto en «Los 15 esenciales de mercadeo para autores». Practícalo frente al espejo y luego frente a algunos amigos. Es fundamental impregnarse de ese relato para que sea natural hablar de tu obra en donde quiera que te detengas y sin tener que pensar mucho en qué debes dejar fuera del cuento y qué puntos sí son relevantes para compartir.

A todos nos gusta conocer lo que hay detrás de cámaras. Por ejemplo, «la historia de la historia» de «Mi tabla de salvación» es que yo estaba en Aruba, en un viaje de trabajo, y decidí rentar unas tablas de *paddle board*. Nunca había practicado el deporte y no presté gran atención al entrenador mientras me daba las instrucciones. Las anécdotas que experimenté ese día sobre el mar y lo que aprendí sobre mi terquedad, temores e inseguridades son parte de lo que relato en el libro. Porque ese día, al salir del mar, supe que se había escrito en mi corazón una historia llamada «Mi tabla de salvación».

> ¿Cuál es la historia detrás de tu libro? **Comienza a escribirla.**

I de IDENTIFICACIÓN

La primera I de la que te quiero hablar es la de **identificación** del mercado. Necesitas conocer a quién le estás hablando, quién es tu público, tu lector. Hacer una identificación personal de ese ser humano que le puede interesar leer tu libro es un paso vital para que cuando esa persona lo lea, sienta que le estás hablando directo a él.

Haz un perfil de tu lector ideal: define si es hombre o mujer, qué rango de edad tiene, dónde vive, cuáles son sus intereses personales, qué tipo de libros lee, cuáles son sus autores favoritos, con qué problemas batalla. Mientras más específico seas en la identificación, más fácil será para ti escribir para esa persona y conectar con ella.

I de INTENCIÓN

Este aspecto es muy importante, ya que eso te va a orientar sobre la forma en la que vas a trabajar tu publicación.

Debes estar consciente de cuál es tu intención al publicar un libro. Quizás es proveer una solución en un área específica en la que tú tienes experiencia; tal vez es brindar fe y esperanza a una persona que se siente deprimida o abandonada; o quizás, simplemente es entretener a una audiencia con una historia divertida.

Pero si tu intención es la fama, ¡ten cuidado!. He visto autores escribir con esa intención y es fácil darse cuenta de que es un libro vacío. Ten cuidado de no tener un contenido propio y que tengas que ser eco del conocimiento de otros autores. Ahí es donde muchas personas llegan al plagio. De esto te hablaré un poco más, al llegar a la letra P.

> Mide la intención de tu corazón y busca dentro de ti cuál es esa historia, esa experiencia, esa vivencia que hace que tengas algo que compartir con el mundo.

Yo leo mucho sobre publicación de libros y sobre mercadeo; sin embargo, al escribir un libro sobre el mismo tema, no tomo lo que otro haya hecho, sino que hablo sobre mis propias experiencias en el proceso de escribir. Hablo de lo que he experimentado como profesional de mercadeo por más de veinte años y en mi experiencia trabajando para una casa editorial, como vendedora y como directora de mercadeo. Hablo de mis experiencias como autora para poder ayudarte.

Cuida tu intención para que te vaya bien y no te encuentres sorpresas desagradables en el camino.

I de IMAGINACIÓN

Para escribir debes visualizar e imaginar lo que quieres lograr en tus lectores. Imagina los resultados que quieres que ellos tengan, y eso te ayudará a mantenerte en curso en la escritura basada en tu intención original.

La imaginación es muy poderosa y puede acercarte a alcanzar grandes metas. Ahora te invito a imaginar:

Imagina tu libro impreso, ese momento en el que lo tienes en tus manos, y, pasando las páginas, logras ver materializado todo por lo que has trabajado. Imagina también ese momento en donde un lector toma tu libro y siente haber encontrado una respuesta a una oración, o una solución a un problema. Es una sensación maravillosa cuando sabes que tu experiencia o tu vida, de alguna forma, ha sido de ayuda para otros.

Cuando mi esposo y yo escribimos el libro para matrimonios, había una pareja en particular a la que imaginábamos mientras escribíamos; era una pareja de novios, jóvenes de nuestra iglesia. Lo curioso es que cuando nosotros terminamos de escribir el libro, él le pidió la mano en compromiso. Así que, apenas lo supimos, corrimos a imprimir una copia porque no podíamos permitir que se casaran sin leer el libro que escribimos para ellos. Ellos eran los modelos de nuestra imaginación.

Yo te imaginé a ti leyendo este libro, mientras lo escribía. No sé el color de tu cabello o tu estatura, pero sé bien que eres una persona soñadora que tiene un deseo firme en su corazón de alcanzar una meta. Una persona determinada que tomó acción y al ver este libro no lo pensó dos veces, porque sabía que necesitaba una herramienta que le acercara a ese deseo.

> Imagina otra vez, y ahora **permíteme imaginar contigo**, el día en que una persona tenga tu libro en sus manos.
> Comienza a disfrutar esa sensación maravillosa de haber logrado algo importante en tu vida.
> Imagínalo y trabajemos en lograrlo.

I de INVESTIGACIÓN

Antes de empezar a trabajar, investiga acerca de tu temática. Una vez tienes claro qué tipo de libro quieres escribir y tienes una idea clara del tema, te invito a investigar qué se ha escrito al respecto, quién lo ha hecho e intenta cubrir ángulos en los que nadie ha profundizado.

Cuando pienses en el nombre para tu libro, ve a Amazon y a Google, haz una buena búsqueda e investiga si ya existe el título. Investígalo todo. Que nadie te sorprenda con información que debe servirte para tomar decisiones tempranas. No te sientas intimidado por la posibilidad de que haya varios libros parecidos al tuyo, e inclusive, que el título que originalmente definiste, ya alguien lo haya empleado. Es mejor saber que desconocer.

El hecho de que haya otros libros similares, no significa que no haya espacio para el tuyo. Cada autor tiene una colección de experiencias y habilidades que lo hacen único e irrepetible. No permitas que te asuste el hecho de que otras personas hayan publicado temas similares. Te aseguro que tú puedes darle un ángulo diferente basado en quien tú eres y tu personalidad. Tú tienes algo único que decir y algo distinto que aportar.

Aun así, es importante investigar y saber todo lo que hay en el mercado. No hay peor cosa que el efecto sorpresa después de haber publicado tu libro, cuando ves algo que se parece mucho y no te enteraste antes, para crear un valioso diferenciador.

Cuando sabes de antemano lo que hay en el mercado tienes ventaja porque puedes hacer modificaciones y mejoras. Pero, por favor, tómate el tiempo de investigar. Conoce los precios en las tiendas, investiga las cadenas de libros que venden el tipo de obra que publicarás. Mientras mejor te prepares para toda esta temporada a la que vas a entrar, mejor te irá.

> Si necesitas, haz cambios en la estrategia, pero **nunca desistas de tu sueño. Ajusta el cómo, no el qué.**

J de JORNADA

Una **jornada** se vincula a un tiempo determinado, a un periodo temporal. Tengo que decir que la creación de un libro es una jornada intensa, pero que trae grandes recompensas, y tú estás entrando en ella.

Te recomiendo que separes esta jornada determinando el tiempo que crees que pueda tomarte, y mientras ocurre, te visualices como el autor que quieres llegar a ser. Por ejemplo, vamos a pensar que tu jornada de escritura te tomará tres meses. Lo puedes hacer en menos y hay quienes se toman más, todo depende de ti; pero usamos este tiempo como ejemplo.

Teniendo eso en mente, prepárate con todo lo que necesitas, invierte en las herramientas que te van a ser de ayuda y no temas continuar avanzando a pesar de las dudas. Hay preguntas que vas a empezar a hacerte y es probable que recibas comentarios negativos, incluso de personas cercanas a ti, que te harán dudar, pero no desistas. Es importante que comiences tu jornada, estando seguro de que lo vas a hacer con excelencia.

Te puedo garantizar que si tú te preparas apropiadamente, continúas educándote, y eres organizado y disciplinado, vas a lograr ver esa meta cumplida muy pronto. Te invito a ver todos los episodios del «*Podcast* mercadeo para autores» y a ser parte de los *webinars* gratuitos de «Cómo publicar tu libro», para que recibas toda la ayuda que está disponible para que lo logres.

> La experiencia de escribir un libro puede transformar tu vida. Es una hermosa jornada que merece la pena vivir, al menos una vez.

Disfruta esta temporada sabiendo que tiene un comienzo y un final, aunque no conozcas del todo cómo se va a desarrollar. Has invertido demasiado tiempo en pensarlo, años analizando, y tus ojos se vuelven brillosos cuando alguien vuelve a hacer mención de ese libro que está escrito en tu corazón.

> Pon tus manos en el arado. ¡Vamos! ¡Manos a tu obra!

Comencemos juntos esta jornada. Pronto celebraremos la publicación del libro de tus sueños. Tu jornada como autor comienza hoy.

K de KIOSCO

Me encanta la K de **kiosco** porque trae con ella un concepto muy antiguo que necesito que entiendas profundamente.

Esta palabra tiene un recorrido etimológico impresionante: viene del francés *kiosque,* que a su vez viene del turco, y originalmente del persa, y se refiere a un pabellón que provee sombra y espacio para diversos eventos[6].

Un kiosco (o quiosco) evita que las personas estén expuestas a los rayos del sol o las precipitaciones del tiempo. Hoy en día también llamamos así a pequeñas casetas ubicadas en un espacio público, en donde las personas venden ciertos productos, como chocolates, refrescos, detalles, regalos y libros.

Antes existían kioscos en donde se vendían revistas y periódicos que recibían directamente de la imprenta para ser distribuidos. Eso se ha perdido. Internet nos provee hoy en día la posibilidad de tener «kioscos digitales», que, de una forma más elegante, les llamamos plataformas digitales. Pero me gusta el concepto original de esa pequeña tiendecita en donde podías sentir el calor humano del dueño, conocías a los hijos, y, de alguna manera, te sentías parte de una pequeña tribu de visitantes frecuentes.

Hoy día es tan común ver a personas vendiendo diferentes productos a través del Internet, y qué bonito es que puedas comenzar con un producto propio; con algo que sea de tu creación.

> Tu obra es el «pan horneado» de tu tienda digital.

Considera el hecho de que tu libro puede ser el primero de una serie, y que incluso podría tener productos relacionados. Por ejemplo, hay un comediante hispano, muy creativo, que mientras hace sus espectáculos, crea frases únicas, muy suyas. Entonces, como parte de su estrategia de mercadeo, con esas frases ha diseñado camisas y diferentes artículos para regalo que le hacen recordar a las personas sus frases célebres.

Tu libro puede ir de la mano con un diario de trabajo; si es uno de corte cristiano, puede tener un devocional; si es de enseñanza, puede contener un cuaderno para completar ideas y asignaturas. Además, puedes complementarlo con talleres o charlas, como hablamos en la letra C; y, definitivamente, dependiendo del tema de tu libro, puedes añadir artículos de decoración, camisetas o calcomanías. Comienza a visualizar tu libro como el primer producto de un kiosco digital que puedes producir y las posibilidades que eso puede derivar en tu carrera como emprendedor y como autor independiente.

K de KDP y KINDLE

KDP (*Kindle Direct Publishing*) es la plataforma de Amazon que permite publicar libros en versión digital e impresa de forma gratuita. En ella tienes acceso directo a tu libro en Amazon, y puedes crear tu página de ventas y de autor. Esto te da la posibilidad de vender tu libro a escala global, lo que te permitirá llegar a lectores de todo el mundo.

Si publicas con KDP, mantendrás todos los derechos de tu libro, algo que normalmente no ocurre en una editorial tradicional. Además, en su página puedes conocer las herramientas que te proveen para promover tu libro con ellos, mediante promociones y publicidad pagada.

Dentro de esta plataforma existe otro término que debes conocer, que también empieza con K, y es **Kindle**. Este es el servicio de Amazon con el que puedes leer libros, como si se tratase de una plataforma de transmisión. Con ella puedes guardar miles de libros, revistas o cómics, y llevar tu biblioteca contigo a todas partes.

L de LECTURA

Un autor que no lee, difícilmente escribe bien. Si no tienes la disciplina de la **lectura**, te invito a comenzar a cultivarla inmediatamente. Espero que leer este libro sea un gran paso para ello, pero es importante que también leas acerca de temáticas similares sobre las que deseas escribir.

Una de las mejores cosas que suceden cuando comienzas a leer, es que empiezas a identificar diferentes estilos de escritura, percibes el lenguaje utilizado por otros autores, así como el tono con el que se expresan.

L

Como autor, otra de las características que te deben identificar es tu vocabulario, y eso aumentará en la medida en que leas. Tu forma de decir las cosas también va a ser mucho más puntual, directa y asertiva.

Es fácil darse cuenta cuando un autor es un gran lector; lo mismo ocurre cuando es lo contrario.

Personalmente disfruto mucho leer y tengo estilos favoritos que reconozco en algunos autores. Cuando el autor escribe como habla, lo amo, porque siento que logro «escucharlo». Me encantan los autores que logran ser descriptivos sin demasiados detalles; y aquel que me hace reír mientras leo, me cautiva. Es impresionante la cantidad de elementos que como lector puedes percibir.

Un autor que disfruto mucho leer, porque siento que logra ese balance es Robin Sharma. ¿Sabes que comenzó autopublicando su primer libro? Te cuento: Él publicó de forma independiente su libro: «El monje que vendió su Ferrari», y una de las cuatro casas editoriales más grandes del mundo lo vio, lo quiso y le ofreció un contrato para publicarlo con ellos. ¿Entiendes lo que te quiero decir? Él era abogado y lo dejó todo por su carrera de autor. Hoy es millonario y ha escrito quince libros de superventas a nivel mundial. Y comenzó autopublicando.

L de LIBROS

No puedo estar en la L sin hablar de **libros**. Estás creando uno y debo decirte que es necesario que conozcas lo que más puedas sobre la historia de los libros, personas que han marcado la historia o autores de renombre, porque ese es ahora un terreno en el que debes tener autoridad. La educación suma y no resta.

Es importante que sepas, por cultura general, que el primer libro se inventó en Mesopotamia, pero que fue en Egipto donde se comenzó utilizar por primera vez la tinta y el soporte de papiro[7].

Recuerdo cuántas veces en la universidad escuché decir que la imprenta fue inventada en el 1440 por Gutenberg; nunca me imaginé, en aquel momento, que iba a estar compartiendo ese conocimiento en un libro propio.

No pretendo darte una clase de historia, simplemente quiero que comprendas que si estamos hablando de producir un libro de excelencia, debemos profundizar en el tema.

Si hay algo que me molesta es ver personas que bajan el nivel de las profesiones. Cuando uno entra a un nuevo oficio, carrera o reto profesional, debe conocer el nivel que se maneja y trabajar para alcanzar la excelencia.

Como todo en la vida, al producir un libro, la preparación y el conocimiento son necesarios. Si vas a hablar de la importancia de tener un seguro para tu familia, es vital que te eduques más allá de la parte comercial. Si vas a tocar algún tema sobre la paternidad, busca información que pueda darle valor al contenido de tu libro, más allá de solo experiencias personales.

L de LIBRERÍAS

Las **librerías** son el canal tradicional de distribución para nuestros libros. Son ese lugar a donde disfrutamos ir y pasar horas mirando las diferentes portadas, leyendo las contraportadas, entendiendo de qué tratan los libros que vemos, y decidiendo nuestras compras. Hoy en día existen las librerías digitales que, definitivamente, no creo que provean la misma experiencia que te provee la visita de una librería tradicional.

Es valioso que, dentro de tu plan, contemples hacer acercamientos a las librerías de tu comunidad e intentes que tu libro pueda estar en los estantes. Sé que es un trabajo difícil y conozco, de primera mano, que muchas librerías han decidido no trabajar con autores independientes. Pienso que la razón fundamental para dicha decisión ha sido la falta de profesionalismo con la que muchas personas han decidido publicar sus libros.

Se ha vuelto popular buscar el camino fácil y hacerlo mal, por lo cual algunas personas generalizan y suponen que todos los libros independientes son de baja calidad. Eso no es cierto. Cada vez más, se han multiplicado los autores profesionales que publicamos de forma independiente libros de alta calidad. Por eso decidí escribir este libro; los buenos somos más y debemos continuar trabajando.

Definamos qué es hacerlo mal:

Hacerlo mal es escribir un libro usando conceptos de otras personas sin las debidas referencias, desconociendo los aspectos legales que estás infringiendo al mencionar inadecuadamente información de otros.

Hacerlo mal, es que un autor no tenga el *copyright* de su obra, y mucho menos el ISBN, y que además, luego tome ese escrito, lo envíe a un amigo con buena ortografía para que le haga «unos arreglitos» al texto, y listo.

Y ya lo termina de hacer mal, si para la portada y el interior de su libro, hace un diseño en Publisher, PowerPoint, Canva, o hasta en Word, y lo sube a una plataforma que dice que su libro será publicado en setenta y dos horas. Eso está excelente como un regalo de cumpleaños a un miembro de la familia, pero no es aceptable para que una librería lo considere poner en tienda. Esa no debe ser la publicación de un libro profesional.

Con la proliferación de ese tipo de casos, la reputación de los libros autopublicados se ha visto afectada negativamente. Por eso estamos al rescate de la autopublicación.

Hay muchos libreros maravillosos que les gusta apoyarnos y quieren dar oportunidades a los nuevos autores, pero necesitamos producir un buen producto y hacer esa presentación de la manera correcta.

Mi interés es llevar un mensaje correcto, amigo que me lees. Publicar un libro y que te salga completamente gratis, si lo quieres hacer profesionalmente, no es posible. Tu libro es un proyecto, es tu emprendimiento, y todo emprendimiento requiere una inversión y un plan de ejecución.

L de LEYENDA y LEGADO

Creo que todos los que escribimos, aspiramos a crear un libro que se convierta en una **leyenda**. Todos queremos tener un «Don Quijote de la Mancha» de nuestra autoría. Queremos escribir un libro que trascienda generaciones y que permanezca. Al menos ese es mi deseo. Yo anhelo crecer como autora cada día y que mis libros puedan trascender. Mi deseo es ver la obra «Mi tabla de salvación» en una película de cine.

Para que tu libro pueda trascender debes tomarte muy en serio su creación y hacerlo con excelencia. Por favor, no te conformes con menos. Toma la decisión de que si vas a escribir tu libro y lo vas a publicar, que sea para triunfar, con la mayor intención de que trascienda.

> Sueña con que tus libros sean una leyenda del género literario hispano.

Otro propósito a perseguir es dejar un **legado**. Cuando escribimos queremos ser relevantes para dejar una huella que permanezca. La temática de tu libro debe ser de un tema relevante, y la forma en que lo produzcas y lo presentes también debe serlo.

Las personas están cansadas de temas que ya han sido demasiado cubiertos. Analiza: ¿Qué temas están escasos en tu comunidad? Aspectos de los cuales muy pocas personas están hablando. ¿Qué temas te apasionan? ¿Qué habilidades o destrezas puedes escribir en un libro para bendecir a otros? ¿Cómo se está abordando una necesidad urgente? ¿Cómo ofrecer algo nuevo y sorprendente que no se parezca a nada de lo anterior? ¿Cómo arrojar nueva luz sobre un tema que le importa a la gente? ¿Qué demandan las personas? ¿Cómo mi libro ilumina o desafía a los lectores de formas que no esperan?

> Ser relevante en un mundo lleno de artículos vacíos y sin propósito es dejar un legado. Asegúrate de que tú, tu tema, tu mensaje y tu tipo de presentación sean relevantes y atractivas a quienes te escuchan, para que tu legado trascienda generaciones.

M de MERCADEO

El **mercadeo** es el tema que más me gusta y del que más me piden que hable. Pero lo que muchas personas no pueden entender es que esto no es un proceso que comienza cuando la obra está lista. Si comienzas ahí, lo puedes lograr, pero has comenzado tarde y quizás perdiste algunas buenas oportunidades.

Entonces profundicemos un poco acerca de esto:

Parte de los fundamentos del *marketing* son lo que se denominan las 4P, un concepto que engloba los elementos básicos que explican el funcionamiento de un sistema de mercadeo. Y si hay algo que quiero que aprendas en este libro son precisamente las bases del *marketing* aplicadas al mundo editorial. Por eso, aunque quizás encuentres definiciones similares en otras letras de nuestro abecedario del autor, voy a hablarte de cada una de ellas desde una perspectiva específica:

La P de marketing que muchos autores pasan por alto es la primera: la P de **producto**. Crear el libro, producir tu obra es desarrollar tu producto y el *marketing* tiene todo que ver ahí.

Como te mencioné previamente, en una casa editorial, la decisión final del nombre del libro la toma el departamento de *marketing*, no el autor. El autor lleva su idea, pero pasa por varios filtros de análisis, entre ellos los editores, ventas, dirección general, y al final es *marketing* quien decide cuál es el nombre elegido, trabaja el concepto de portada y lo manda a diseño. Muchas veces el diseño va y viene varias veces sin que el autor haya visto nada. Esta es la razón por la cual te digo que el mercadeo comienza desde el primer paso del libro y no al final.

Entonces, hablemos del marketing desde la perspectiva de creación de producto.

Un buen mercadeo de libros comienza en el proceso de desarrollar la idea del título y concepto de la obra. Te recomiendo consultar el título que tienes en mente con un experto en mercadeo antes de casarte con la idea.

Aquí es importante que tengas presente que según el tipo de libro que trabajes, se define si el énfasis del mercadeo se pondrá en el título o en el autor. Por ejemplo, en las novelas se trabaja mucho más la figura del autor, del novelista. En caso de libros de autoayuda o soluciones, el esfuerzo de *marketing* estará sobre todo en el tema y el título.

Por otro lado, cuando el libro está en proceso de diseño, debes tener cuidado de que la portada de tu producto sea atractiva, diferente, única y atrayente. Que sea fácil de mercadear, legible, y que comunique una emoción, llame la atención e inspire confianza. También te tiene que importar el diseño interior, el tamaño de la letra, y las frases a destacar, de las que te hablaré cuando llegues a la Q de *quotes*. Cuando yo trabajo un libro me involucro en las ideas de diseño, la tipografía, los detalles, las líneas, e incluso en la impresión porque también es parte del mercadeo.

Personalmente busco conversar con la imprenta sobre el material que se va a utilizar para la portada, puesto que quiero asegurarme de que guarde la imagen y calidad que busco; elijo el color de papel y el grosor, porque deseo que el libro me represente en todo. A mí, en lo personal, me gustan las portadas mates, porque creo que a la hora de tomar fotografías o de colocar en tienda, luce más elegante y el reflejo de la luz no afecta en las fotos.

Todos esos detalles son parte de la P de producto en las 4P de mercadeo.

La segunda P es la del **precio**. Es un error esperar al final para elegir el precio del libro porque esto va a definir cuánto puedes invertir, cuánto necesitas vender y de ahí parte tu hoja de presupuesto del libro.

Para definir el precio de tu libro debes considerar la cantidad de páginas que pronosticas tener, si es a color o blanco y negro, tapa dura o blanda, de qué tamaño será el libro y en que categoría de libros vas a estar compitiendo. Una vez tienes esas respuestas es bueno ir a los puntos de ventas y ver precios en el mercado.

Toma en cuenta que un libro impreso tendrá costos de impresión y distribución, con lo cual te recomiendo tener cuidado con irte muy económico en el precio de ventas porque se te hará muy difícil tener margen de ganancia.

Piensa en cuáles quieres que sean los lugares que vendan tu libro y cuáles son los precios promedios de los libros allí. Debes vigilar que tu precio tampoco sea tan alto que te saque del mercado. En una ocasión presenté un libro de autor independiente de pocas páginas y en un rango de precio alto. El distribuidor rechazó tenerlo porque no era coherente la cantidad de páginas por ese precio. Ahí la importancia de investigar antes, libros de tamaños similares para validar promedios de precio en su categoría.

Por otro lado, considera los costos para desarrollar tu producto, queremos que el costo pueda multiplicarse por tres o por cinco. No siempre se puede, para eso hay un análisis que enseño a mis estudiantes para que puedan determinar el precio correcto considerando los gastos, la elasticidad de precio y el análisis de su categoría. Te hablo más de esto en la parte de presupuesto.

La tercera P es la de **punto de venta**, que se refiere a los canales a utilizar para comercializar el producto. ¿Qué plataforma usarás para vender tus libros? Me gusta presentar a los autores con los que trabajo, las posibilidades que tienen cuando lo hacen desde su propia plataforma. Lo bueno de esta estrategia es que puedes dirigir tus esfuerzos a promover tu página web y tu libro es la estrella del lugar.

Imagina que solo promueves a las personas a que busquen tu libro en Amazon, pero cuando entran allí la plataforma inmediatamente comienza a darle otras sugerencias de libros similares, o la posibilidad de comprar tu libro usado que alguien vende por menos. No es que eso tenga algo malo en sí, lo mismo sucede cuando promueves tu libro en una cadena. Debes hacerlo, lo necesitas, pero que tu canal principal sea el propio. Que toda tu promoción gire en torno a tu plataforma donde siempre está disponible.

Yo tengo muchísima publicidad creada para mi libro «Mi tabla de salvación» en donde incluyo todos los puntos de venta que tienen mi libro disponible, pero en todas ellas también incluyo www.mitabladesalvacion.com. Las personas pueden ir a cualquiera de esos lugares, pero si por alguna razón no lo consiguen, siempre pueden ir a mi página web y ordenarlo. Yo no cedo mi derecho a vender mi libro de forma directa, nunca.

La última y cuarta P es la de **promoción**, que definitivamente abarca muchas cosas. Aquí debemos remarcar la importancia de las promociones en las redes sociales. Tener un calendario de contenido en redes es un paso vital.

Hay una fórmula muy efectiva para producir cinco tipos de contenidos, cada uno con un propósito en particular, pero te contaré más al respecto de esto en la parte de redes sociales.

Otros aspectos de la promoción que debes tomar en cuenta son los materiales que como autor debes llevar contigo para presentarte en eventos:

- Un *stand banner* que te represente.

- Recordatorios, calcomanías, marcadores o bolígrafos que le recuerden al lector tu libro.

- Te recomiendo crear unas tarjetas llamadas **download cards,** que son un tipo de tarjeta de presentación que contiene el código QR que lleva a tu página en donde pueden entrar a ordenar tu libro. Es la portada de tu libro en tamaño mini.

- La decoración necesaria para tu mesa, desde el mantel en un color acorde a tu libro, soportes de libros y algunos detalles atractivos a la vista para que tu mesa luzca impecable.

Otras piezas de vital importancia en tu promoción son las digitales: El *booktrailer*, un capítulo digital de muestra para regalar y una guía en PDF para grupos de estudio sobre tu libro, si aplica.

Todo esto es parte del mercadeo del libro. He creado más de diez tutoriales y algunos episodios del *podcast* dedicados a este tema. Estoy consciente de que el mercadeo es quizás la parte más desafiante para muchos autores.

M de MEDIOS

Hablemos de **medios**, porque es a través de ellos que logramos alcanzar una mayor cantidad de personas para hablar de nuestro libro. Y cuando hablo de medios me refiero tanto a medios sociales, como pueden ser YouTube, Facebook, Twitter, Instagram, Tiktok, etcétera, como a los medios de comunicación tradicionales como revistas, periódicos, canales de televisión y radio.

Vamos a deshilvanar esto mejor:

¿Conoces la publicidad gratuita? Es cuando consigues exposición en medios sin pagar nada por ello.

Los autores tenemos la ventaja de ser creadores de contenido que los medios necesitan. ¿Qué noticias cubren los medios relacionadas con autores? El lanzamiento de un libro, un autor que está alcanzando récords en ventas, un premio o reconocimiento, un logro alcanzado por su libro, o la habilidad de que el autor o su libro puedan conectar con un tema de actualidad o dar respuesta a un problema social.

A los medios les gusta tener invitados en sus programas, pero cuando te den la oportunidad de ser entrevistado, asegúrate de saber cómo acercarte a ellos teniendo balance entre no ser intrusivo ni tímido. Las habilidades que tengas para proyectar durante una entrevista y la capacidad de mantener el tema interesante, incrementarán la posibilidad de que te vuelvan a invitar.

No subestimes los pequeños comienzos. Posiblemente consigas entrevistas en redes sociales con personas que no tienen tantos seguidores, pero hazlo con el mismo amor y pasión como si millones de personas te estuvieran viendo. Trata a cada entrevistador con el respeto y el cariño que se merecen. No tendrían por qué estar entrevistándote y dándote exposición gratuita. Eso el arte de ser agradecido. Tú nunca sabes a donde esa entrevista te puede llevar.

Cada entrevista que he hecho para cualquiera de mis libros ha sido una escuela, una práctica para seguir aprendiendo. A mí no me gusta verme a mí misma después de una entrevista, pues me critico duramente; pero lo hago para poder aprender qué funcionó bien, qué no debí decir, o qué gesto no debí hacer. Así es como todos crecemos.

Hoy en día también contamos con muchas personalidades que tienen sus canales de medios digitales. Son páginas ubicadas en diferentes plataformas que alcanzan a una comunidad que es, muy posiblemente, distinta a la tuya. Guardo gran respeto por estas personas, las sigo en mis redes sociales y me encanta cuando me dan la oportunidad de entrevistarme. Los resultados que obtengo de cada una de estas entrevistas son maravillosos. No solo logro conectar con esa persona, sino que también me da la oportunidad de acercarme a su audiencia, y eso es algo que no se debe tomar livianamente.

Diversifica, no te quedes en un solo tipo de medio. Busca llegar a medios sociales, a canales de YouTube con *influencers*, a periódicos locales y a revistas, intenta llegar a la radio y a la TV. Toca las puertas sin miedo, quizás recibas muchos *no*, pero un día llegará el *sí* que puede cambiar tu destino.

Integrar los medios en tu plan de mercadeo definitivamente no solo es idóneo, sino también necesario para la difusión de tu libro.

M de MENSAJERÍA

Los mensajes de correo electrónico, así como mensajes por texto usando los diversos servicios para ese fin, son parte de una estrategia que sigue en evolución y es altamente efectiva.

Hay algo muy sencillo que me ha encantado descubrir y ha sido la eficiencia del uso de plataformas de **mensajería** instantánea, como WhatsApp, Telegram o mensajes de texto, para el mercadeo de los libros.

El año pasado quise cumplir un sueño a mi mamá. Ella tenía el deseo en su corazón de publicar un libro devocional de 365 días, llamado «El Alfarero», que, tengo que decir, es una joya. El lanzamiento se dio en la fecha de su cumpleaños número setenta y fue para mí un gran orgullo verla cumplir el sueño de su vida, cuando quizás pensaba que ya no iba a suceder. Aquí abro un inciso para recordarte que nunca es tarde para ir tras tus sueños.

El punto es que si verla escribir y publicar su libro fue impresionante para mí, más aún fue descubrir su creatividad a través de la aplicación de WhatsApp.

Ella desarrolló por su cuenta un método en el cual, todos los días, comparte una porción de su devocional en audio y lo envía a una lista de amigos y seguidores que ha ido creando. Te estoy hablando de que envía ese devocional a diferentes partes del mundo desde su habitación. Eso ha generado que muchas personas comiencen a seguirla en las redes sociales, hayan adquirido el libro y la inviten a ofrecer talleres. Ahora dicta talleres a través de una plataforma digital en la Florida, en Puerto Rico y en la República Dominicana. Recalco que todo lo logra desde su habitación.

Con esto quiero que entiendas que los límites están en nuestra mente y que la creatividad no está restringida a unos pocos. Este tipo de aplicaciones tienen múltiples funcionalidades: puedes crear canales con suscriptores, listas de difusión, chats públicos y privados, y muchas opciones más que te ayudarán a construir una comunidad.

Espero que la historia de mi mamá te inspire a soñar, a publicar tu libro, colocarlo en tu página web y utilizar este tipo de herramientas para darlo a conocer hasta los confines del planeta.

Por otro lado, el correo electrónico sigue siendo, sin duda, un pilar en la comunicación con tus lectores. Cuando yo lancé mi primer libro fui haciendo una lista de correos de todas las personas que me ordenaron. Esa lista me ha servido mucho para anunciarles otros lanzamientos, ofertas especiales y eventos.

Hacer sentir cerca a tu comunidad genera un vínculo y una conexión que lleva a tus lectores a la fidelidad contigo. No te preocupes por la cantidad de mensajes, un día quizás lleguen a ser inmanejables, pero ese día estarás generando los suficientes ingresos para contratar a alguien que te ayude. Por lo pronto, sigue haciendo crecer tu lista de emails, porque esos son los contactos más efectivos que puedes tener.

Recuerda algo: el mercadeo debe ser atrayente, tu contenido debe ser magnético. Atrae a tus lectores, no los persigas. Hazte memorable, real; tanto que la gente quiera que seas perpetuo y estar pegaditos a ti. Mantente siempre socialmente conectado con tus lectores y domina el arte de hacer tres cosas en tus mensajes:

1. Identificar a tu lector ideal para que personalices todo y sienta esa conexión contigo.

2. Segmentar detalladamente para que encuentres a los que realmente te leen, y no abrumes a los que no son tus lectores.

3. Crear sistemas que pongan en «piloto automático» tus campañas, para que tengas vida más allá de tu carrera de autor.

N de NEGOCIACIONES y NORMAS

Algo que es muy importante que conozcas a la hora de publicar un libro, es que hay ciertas **negociaciones** que no son negociables, valga la redundancia. En la industria hay **normas** y ética, y en la medida en que las conozcas y la respetes vas a recibir mayor apreciación de las personas que quieren hacer negocios contigo.

Son normas no escritas relacionadas con porcentajes, medidas, diseños, canales de comunicación y formas de trabajo que debes seguir, si quieres ser considerado como un autor con un nivel profesional por el que vale la pena apostar.

Por ejemplo, cuando vas a presentar tu libro a un distribuidor, él es quien asigna el porcentaje que trabaja con autores independientes, no tú. Ya ellos tienen acuerdos establecidos con editoriales y tienen un panorama claro de cómo lo pueden trabajar, cuando aceptan negociar con autores independientes. No es un tema personal, sino métricas bastante estándar.

De la misma forma, creo mucho en respetar al librero. Cuando un dueño de librería independiente me dice el porcentaje de descuento que requiere, yo en lo personal no intento debatir eso. Habiendo trabajado en la industria editorial, sé bien que ellos no tienen altos márgenes de ganancia y deben proteger su ingreso mientras negocian los precios de venta con el cliente final, manejan ofertas, promociones y descuentos. Al final, el librero es quien queda con el inventario y debe ser creativo para que todos los libros de sus tiendas se muevan a un ritmo saludable.

Tú como autor tienes variadas maneras de mover tus libros y las librerías es una de ellas. Por tanto, si quieres llegar al público que esas librerías alcanzan, debes «bailar a su ritmo» para que sea un negocio de ganar-ganar. Siempre hay un precio que pagar, así que valoremos el espacio que los libreros nos dan y la conveniencia que nos ofrecen.

Ahora quiero hablarte de las normas cuando se trata de diseño. Debes saber que las editoriales tienen sus líneas de diseño y su línea editorial, por lo que te recomiendo observar de cerca aquellas editoriales que publican libros similares al tuyo y prestar mucha atención a su estilo de diseño. La intención no es que te copies, pero si ellos han invertido dinero y tiempo en desarrollar un estilo que les da resultado para ciertos títulos o estilo de publicación, no inventes la rueda, estúdiala. Además, amplías tu rango de posibilidades porque si ven que tu libro se parece al tipo de libros que ellos publican, tus oportunidades con ellos aumentan.

Un error importante que he observado que cometen mucho los autores noveles, es que trabajan con diseñadores gráficos que no tienen experiencia publicando libros profesionales y no conocen el proceso de preimpresión. Tu diseñador debe poder preparar un archivo para Amazon y otro que pueda ser impreso con las especificaciones que demanda la imprenta con la que vayas a trabajar. Ten en cuenta que en cada imprenta estas especificaciones pueden variar, así como las de Amazon.

Tu diseñador debe hablar el lenguaje de impresión, debe entender las diferencias entre imprenta digital y *offset*, encuadernación fresada o cosida, tapa dura o blanda, etc.; debe conocer cómo formatear los títulos, subtítulos, las cajas de texto y los pies de página; y debe saber cómo se diseña la página de *copyright*. Hay normas de maquetación y de ortografía que no pueden alterarse por temas de diseño, y normas de estilo que no son negociables.

Cuando la maquetación del libro es buena, la lectura fluye, pero cuando no lo es, la lectura se vuelve un desafío.

Recientemente, recibí el libro de una persona a la cual apoyé en sus primeros pasos. Este autor decidió economizar en todas las áreas posibles, y contrató a un diseñador que, aunque era excelente en otras áreas, no tenía experiencia editorial. Yo le advertí que se asegurara de seguir las normas de la industria, pero lamentablemente la falta de experiencia le pasó una gran factura. La letra del libro es muy fina, muy pequeña y con un poco de curva, por lo cual es ilegible, lo que le ha traído quejas de muchas personas por la gran dificultad que supone leerlo. Ahora está trabajando en rediseñar el libro completo y pagar nuevamente por el proyecto a otro diseñador.

Te recomiendo que trabajes con personas que tengan la experiencia, mientras que tú aprendes lo suficiente para guiar a los recursos que te ayudan.

Otra norma no escrita, pero muy comentada en la industria editorial, es que un buen libro no debe tener menos de veinte mil palabras y que lo ideal son cuarenta mil. En el género de novelas, sesenta mil es lo que se busca.

Otra norma importante, mientras estés trabajando tu libro, es recopilar las referencias que utilizas en tu escrito. Las referencias son el conjunto de datos que ayudan al autor como fuentes de su trabajo.

Dependiendo del tipo de fuente que estés utilizando puedes necesitar la página de Internet donde obtuviste la información, el nombre del autor, año de publicación, título de la obra, edición, ciudad, editorial, etc. Hay reglas muy específicas para ese tema y el experto para ayudarte ahí es el editor. Asegúrate de que tu editor esté relacionado con el tema de las referencias. Una vez más, esto te puede evitar problemas legales.

Para concluir esta parte te sugiero lo siguiente: En tu primer libro, contrata a personas que tengan experiencia, que tú seas el único nuevo en el grupo. De esta forma todos podrán enfocarse en apoyarte a ti con el proyecto y tú podrás descansar en la experiencia de otros para el logro de un gran producto. Esta es otra norma no escrita.

N de NEGOCIO

Quiero hablarte del **negocio** del libro, porque debes entender que, independientemente de que tenga un propósito loable, es un negocio y debes pagar impuestos por los ingresos del mismo. Así que te enseñaré algunas cosas que te van a ayudar a mirar más claramente todo.

Al convertirte en autor estás desarrollando un producto y ese producto requiere una inversión. Esa inversión, a su vez, requiere un plan de retorno. Es decir, inviertes considerando cómo y cuándo vas a recuperar lo invertido, y en qué momento vas a comenzar a ver ganancias. Si trabajas tu libro de esa manera, podrás estar más organizado.

Tengo una amiga que cuando lanzó su primer libro regalaba muchos ejemplares. Un día le pregunté si sabía cuántos había regalado y me confesó que creía que eran más de los que había vendido. Yo le expliqué que las personas que reciben un libro gratis muchas veces no lo leen porque no era su interés comprarlo, y persona que no lee, no recomienda. Entonces su mentalidad cambió, y cuando comenzó a vender más y regalar menos, se dio cuenta de que estos lectores recomendaban a otros su libro y sus resultados comenzaron a cambiar.

> Dale valor a tu producto. No temas cobrar por tu libro.

Por otro lado, paga por los servicios de quienes contratas.

Veo a muchas personas buscando todo gratis para tener mayor ganancia. Pero, ¿es justo eso? Todos queremos ganar y la persona que te da un servicio o te apoya con tu libro es tu socio y merece su parte en el proyecto. Si alguien te quiere regalar su trabajo, pues recibe la bendición; pero yo creo que si te va bien en el camino, recuérdalo y bendícelo de vuelta.

¿Qué hace una empresa? Busca talentos capaces y con experiencia, haz lo mismo con tu libro. Elige personas experimentadas y capacitadas que te sumen, y no que tú las tengas que entrenar para el trabajo.

Cuando vas a lanzar un negocio nuevo te piden un plan y sus estrategias, no es distinto con tu libro. En el camino, ajusta lo que necesite un cambio, evalúa resultados, desarrolla nuevos planes e, incluso, nuevos productos, y continua tu carrera de autor. No te detengas una vez comiences.

O de OPTIMIZAR

Optimizar se refiere a sacar el mayor provecho posible a los recursos que tengas, lo que te lleva a aumentar tu efectividad en menos tiempo. Por eso, parte de la estrategia que debes implementar es crear una campaña que combine tu página web, tus redes sociales y tu *email*. Cuando optimizas, logras atraer a tu mercado objetivo; y por ende, tienes mayor oportunidad de lograr ventas para tu libro. Con una buena campaña optimizada puedes generar mayores vistas e interactuar con tus seguidores.

Optimizar te ayudará a obtener un mejor posicionamiento en los resultados de búsqueda en línea.

Tener actualizada la información de tus redes sociales y usar títulos con palabras claves en el contenido que publicas es parte importante de la optimización. Cada red social se distingue por utilizar mayormente cierto tipo de imágenes, caracteres o vídeos.

Sigue la tendencia apropiada a cada red social y verás cómo tus resultados mejoran. También puedes investigar los mejores días y horas para publicar. Toda esta información te la provee el área de estadísticas de tu página.

La clave es producir contenido de calidad que haga que las personas quieran interactuar y conocer más de lo que haces y dices. En la S, vas a encontrar más información de lo que es el SEO, lo que te va a dar más claridad en el proceso.

> «No nos atrevemos a muchas cosas porque son difíciles, pero son difíciles porque no nos atrevemos a hacerlas».
> – Lucio Anneo Séneca

O de OBJETIVOS

Te propongo que comiences a escribir los **objetivos** que tienes con tu libro, y establezcas métricas como, por ejemplo:

- La cantidad de seguidores que quisieras tener en tus redes sociales al momento de lanzar tu libro.

- El tiempo en el que quieres recuperar la inversión de tu libro.

- La cantidad de libros que proyectas vender y en cuánto tiempo.

En algunas ocasiones tus resultados serán fáciles de superar; quizás en otras tendrás que afinar la estrategia para llegar al número que has proyectado.

> Pero una cosa es segura: si no tienes un norte en mente, no sabrás en qué dirección caminar. Definir tus objetivos es la única forma en la que puedes trabajar de manera ordenada, con enfoque y propósito.

Y algo muy importante: no te avergüences de establecer, como una de tus metas las ventas de tu libro. Entiende que si las personas no lo compran, no lo pueden leer y en vano has publicado.

O de ORDEN

Hay un **orden** establecido en los pasos que debes seguir rigurosamente para publicar un libro con éxito, y de eso te hablaré en la P de Plan; pero ahora quiero hablarte de otro tipo de orden. Me refiero a tu organización.

Es fundamental que establezcas en un documento los pasos que vas a ir dando para la publicación de tu libro. Necesitas ser muy ordenado en lo que tienes que hacer, las promociones que debes crear, y en el tiempo en el que vas a hacerlo para que todo se haga con excelencia.

Yo tengo un flujograma, que es una tabla en donde listo las acciones que tengo que llevar a cabo y cuándo. Ahí me doy cuenta cuáles deben suceder simultáneamente, y cuáles están en la espera de que otras sucedan. Voy borrando las que ya hice para alcanzar la dopamina que me produce ver menos asuntos pendientes en la lista.

Otra área a organizar es tu espacio de trabajo.

Uno de los errores más comunes es tener desorden en el lugar en donde trabajamos. Te comparto algunos consejos:

- Mantén en orden los estimados y facturas según las recibas.
- Dedica un espacio para los envíos por correos, y allí ubica los sobres, las etiquetas y los regalos que vas a enviar a tus lectores junto con tu libro.
- Las facturas de los libreros con los que vas a trabajar también deben estar en un sitio seguro.
- Asegúrate de tener en un solo punto todos los detalles y decoraciones que necesitas para cuando vas a un evento con tu libro.
- Cuando ya tengas tus libros, mantenlos en un sitio seguro y sin riesgo de humedad, y lleva conteo de las unidades que tienes para que no tengas pérdidas por falta de orden y controles.
- Crea una lista con los nombres y direcciones de las personas que te ordenan libros online. Es de suprema importancia que tengas todas tus ventas registradas con todos los datos de contacto y envío del comprador.
- Yo separo un día para esas gestiones y me aseguro de que todo en mi escritorio esté perfectamente ordenado para trabajar en paz.

O de ORTOGRAFÍA

Si bien es cierto que la corrección ortográfica de tu libro le corresponde a tu editor, yo te hago la invitación a que leas y releas tu libro y te asegures de corregir todos los errores que encuentres antes de enviarlo al editor. Es ideal añadir al final del proceso a un *proof reader,* o corrector de pruebas, porque eso te va a dar mucha paz.

Mientras más leas tu libro mejor. No te canses de hacerlo. Es muy difícil que dentro de cuarenta mil palabras no haya errores, e incluso que alguno se le escape a tu editor, pero tú haz tu mayor esfuerzo para evitarlo. Da muy mala impresión un libro cargado de errores ortográficos.

También quiero añadir que tu ortografía no es algo que debes cuidar únicamente dentro del libro, sino que ahora, como parte de este nuevo rol que has asumido convirtiéndote en escritor, es un aspecto que puede hablar bien o mal, incluso más allá de tu obra.

Por favor, esfuérzate en ello; escribe correctamente tus publicaciones en redes sociales, tus artículos en el blog, los correos que envíes en las listas de marketing, los contenidos de los materiales que puedas producir. Esta es una petición directa de mi editora, y yo me siento en la obligación moral de hacerme eco de sus palabras. Todos cometemos errores en nuestras publicaciones, pero ten mucho cuidado porque afecta tu imagen como autor.

Así como un orador o conferencista no puede darse el lujo de expresarse mal; un autor tampoco debe permitirse tener mala ortografía.

> No consientas que tu ortografía le reste credibilidad a tu calidad como escritor. ¡Se tenía que decir y se dijo!

P de PLAN

Así que la emoción continúa y has decidido que es tiempo de trabajar en un **plan** para la publicación de tu libro. Pero antes de empezar a realizarlo, debo insistirte en que aquí el orden de los factores (en este caso, el orden de los sucesos en la publicación de un libro) sí altera el resultado.

No pienses que puedes comenzar por el final y tener los mismos resultados que si hubieses hecho las cosas en orden. Por eso encontrarás una parte en este libro llamada «La ruta del autor» que incluye un diagrama con el que te ayudo a entender, de manera visual, los pasos específicos que debes dar para crear tu obra. Esto te será de gran ayuda para la creación de tu plan.

Benjamin Franklin dijo la célebre frase: «Quien falla al planificar, planifica para fallar». Un plan es importante para que puedas lograr tu sueño de convertirte en un autor de éxito. Has esperado mucho para esto. Vamos a hacerlo bien.

Recuerda que el plan lo es todo, y que debes mirar tu libro como un negocio. Por eso ahora voy a hablarte un poco más de lo que es un plan de mercadeo.

Para ello lo primero que te recomiendo hacer es diseñar un documento, quizás en formato de presentación, en donde puedas colocar la información en forma sistematizada. Escribe lo que has ido descubriendo sobre otros libros y temáticas similares a las que tú vas a estar cubriendo; eso es un análisis de competencia. Por favor, nunca afirmes que no hay competidores para tu libro, porque si no hay competencia, no hay mercado. De ser así mejor no lo hagas. Quizás tu competencia no es directa, digamos que es un área de especialidad en tu trabajo que no es muy conocida, entonces compites con la falta de consciencia con relación al tema, o quizás con libros que de alguna manera descalifican o disfrazan lo que dices.

En este documento también escribe tus objetivos. Define qué quieres conseguir con tu libro y las estrategias que vas a estar implementando para lograr esos objetivos. Luego de eso, planifica y define acciones específicas que quieres llevar a cabo. En mercadeo le llamamos las tácticas que implementarás para que tu estrategia funcione y cumpla sus objetivos. Sé tan específico como puedas y, si te es posible, escribe métricas que te ayudarán a definir si estás alcanzando los resultados deseados.

Te resumiré los siete elementos que un plan de mercadeo debe tener. Ya los he ido mencionando, pero de esta forma los tienes más claros para ir visualizando el documento:

1. Investigación del mercado: Conoce las tendencias, categorías de libros, datos claves.
2. Definición de tu mercado objetivo: tu *target market,* en este caso, tu lector.
3. Posicionamiento: Analízate como autor, qué tienes que aportar, cuál es tu elemento diferenciador, ventajas y desventajas.
4. Análisis de tu competencia: Qué libro compite con el tuyo, con qué autor te comparas.
5. Estrategia de mercado: Cómo vas a lograr tus ventas, los canales que vas a utilizar, las promociones y ofertas, y tus tácticas de mercadeo bien definidas para que sepas de antemano cómo vas a

dar a conocer tu obra. En la página de YouTube de Hispanos Media encontrarás videos con otros autores en donde compartimos ideas que te pueden servir de ayuda.

6. Presupuesto: Esta es la siguiente P de la que te voy a hablar, así que toma notas para que tengas un plan muy completo y ordenado.
7. Métricas: Ayuda mucho autoevaluarse. Proponte metas que puedas ir midiendo. Por ejemplo, si quieres alcanzar ciertas ventas en el primer semestre, rétate en el prelanzamiento, e intenta colocarte entre los más vendidos de las plataformas digitales existentes que te proveen esa información.

P de PRESUPUESTO

Comencemos con el final en mente: el precio de tu libro.

Te recomiendo que no publiques un libro impreso demasiado económico, porque, aunque debes ofrecer un precio competitivo, también debes asegurarte de cubrir tu inversión. Recuerda que las casas editoriales pueden abaratar costos en diversos lugares y eso les permite competir agresivamente por precio. Pero en un libro impreso, publicado de forma independiente, también debes considerar la posibilidad de tener una cadena de distribución que requiera descuentos a distribuidores o libreros.

Si intentas trabajar un libro en donde el precio es demasiado bajo, te arriesgas a quedar en pérdida o no recuperar la inversión que vas a hacer. Siempre debes tener margen por si te sale una propuesta para que tu libro esté en alguna cadena nacional, que muchas veces te pide un 60% de descuento, o algún contrato con distribuidor. Tampoco te vayas por encima del mercado, porque, al no ser un autor reconocido, se te va a hacer más difícil recibir una primera oportunidad.

Donde tienes un mayor margen para ser muy económico es con tu *ebook*. Este lo puedes vender en un precio más competitivo, pero te hablaré más sobre este tema en «Los 15 esenciales de mercadeo para autores».

Yo he creado una hoja que me ayuda a calcular los costos vs. los ingresos, basado en el precio por cantidad de impresión. Me gusta trabajar en mi presupuesto al inicio del proyecto, y de esta forma puedo saber cuántos debo vender y en dónde debo disminuir gastos.

Te doy un ejemplo para que puedas comenzar a trabajar tu presupuesto:

Elige un precio para tu libro; digamos que serán quince dólares y que vas a imprimir mil unidades. Ahora multiplica mil por quince, y esa es tu primera cifra.

Ahora estima los costos de impresión por libro. Depende de la cantidad de páginas y de la tirada, pero mi meta es siempre ayudar a los autores a que sea por debajo de $5 y hasta hemos logrado conseguir incluso por debajo de $2. Hay formas, siempre pensando en que mientras más imprimes, menos pagas por unidad. Suma a ese número la inversión en edición, diseño y mercadeo.

Ahora vas a restar al número que te dio de ingresos, el costo de impresión, el costo del plan de mercadeo, y los gastos de edición y diseño. Ahí tienes un número inicial.

El ejercicio de imprimir mil unidades es con la idea de que esas copias paguen el libro. Esta idea va a atada a una estrategia de mercadeo a través de tu página web que te detallaré más adelante.

Recuerda que además de esto, vas a tener las ganancias de tu ebook, más las ventas de las plataformas digitales, con las que se trabaja una estrategia diferente y muy específica para que te generen otro ingreso extra. También considera que si la estrategia a través de tu plataforma funciona muy bien, vas a querer reimprimir y ya más de la mitad de los gastos no los tienes que volver a hacer.

Este presupuesto te va a ayudar a tener la seguridad de invertir con un plan de retorno de inversión. Yo no le recomiendo a ningún autor publicar sin tener un plan de comercialización de su libro. El buen *marketing* de un libro es esencial, y el presupuesto es parte de ese plan que no te debe faltar si quieres tener éxito con tu libro.

P de PUBLICIDAD

Crear piezas publicitarias estratégicas, redactar textos de acuerdo a tu audiencia, y elegir los medios correctos son algunos de los aspectos que me gusta compartir con clientes y los estudiantes de mi academia.

La publicidad debe funcionar a tu favor y no en tu contra, y por eso me gusta detenerme y hacer énfasis aquí. La publicidad siempre debe ser atractiva y de buena calidad. Asegúrate de que contenga un mensaje claro y que resalte las características y beneficios de tu libro. La buena publicidad no exagera, no miente, no hace promesas que no puede cumplir, ni usa términos absolutos.

«Millones de personas...» ¿De verdad son millones? ¿O son miles o cientos? «Ningún otro libro habla de...» ¿Estás seguro? Hay muchos libros, no digas algo que no puedes probar. «Después de esta dieta serás delgado para siempre», «te aseguro que nunca más...», «todos mis clientes están satisfechos» Mucho cuidado con emplear absolutos en la publicidad, porque una publicidad que suena engañosa le puede restar credibilidad a un gran libro.

Por otro lado, tampoco te recomiendo basar tu material publicitario en precio, porque ese aspecto es secundario a la hora de tomar la decisión de comprar un libro. Compramos el libro por la temática, el contenido y hasta por el autor que lo publica, no por el precio, porque normalmente los libros tienden a oscilar en el mismo rango, por lo cual no es como tomar una decisión de cinco dólares versus cien, la cual sí sería significativa.

He visto campañas publicitarias sobre un libro en donde lo que más destacan es el precio. Sin embargo, no dan una idea de qué contiene la obra ni por qué un lector debe comprarlo. ¡Cuidado con eso! En publicidad lo más importante es la portada y lo segundo en tamaño deben ser los tres puntos claves del libro.

P de PROMOCIÓN

Muy relacionado con la publicidad, pero con un enfoque diferente es la P de **promoción**. Voy a destacar la diferencia porque muchas personas no la conocen. La promoción espera lograr una respuesta inmediata por parte del consumidor, mientras que la publicidad espera crear una imagen, un posicionamiento de la marca o producto a largo plazo. Para tu libro necesitas trabajar en ambas.

El propósito fundamental de una campaña promocional es incrementar las ventas de tu producto. Las promociones se realizan por corto plazo y tienen unos objetivos definidos y muy concretos.

Te recomiendo trabajar en campañas promocionales para el lanzamiento de tu libro, puedes incluso diseñar una promoción de preventa, hacer una oferta de lanzamiento, o promover un lugar de distribución específico. Otra buena campaña de promoción es cuando ofreces un regalo con la compra. Vuelvo a recalcar, necesitas ambas: publicidad y promoción.

También te recomiendo automatizar el proceso de tu campaña promocional. Diseña anuncios que lleven a las personas a tu página de captura, llegarán ahí atraídos por la oferta gratuita y te ofrecerán su *email*. Conecta con ellos en una buena secuencia de *emails* que le aporten valor para que se desarrolle la credibilidad. Eso los va a llevar a querer comprar tu libro. Crea tu embudo de ventas de antemano para que toda esa campaña promocional sea automática y tú puedas continuar con tus tareas diarias.

En la creación de tus piezas gráficas debes tener cuidado de que el rostro del autor no sea más grande que la imagen del libro; de hecho, no debe haber nada que resalte más que el libro allí. La imagen del libro debe ocupar un 60% del espacio gráfico, que viene siendo el 40% del espacio total. Enfócate en la portada porque es lo que las personas van a recordar cuando vean el libro en el punto de venta. La portada debe quedarse en la mente del consumidor para que en el momento en el que lo vea en un estante o en un evento, pueda fácilmente recordar lo que sintió al ver la promoción de tu libro.

P de PLAGIO

Hay una P de la cual no me gusta hablar, pero debe ir justo aquí para cuidarlos a todos. Esta es la que debes evitar a toda costa: la P de **plagio**.

Plagio es la acción de copiar obras ajenas dándote un crédito propio. Te invito a tener mucho cuidado con eso, porque una vez tú publicas un libro, lo pones en el ojo público, incluso para ser criticado. En ocasiones usamos dichos populares o comentamos cosas que han sido publicadas por otros sin darles el crédito y eso puede arruinar nuestro trabajo.

El plagio se detecta con facilidad y hoy en día existen programas y servicios que se han diseñado para evitarlo. Sin embargo, te sorprenderá saber que en ocasiones solo basta con utilizar los motores de búsqueda para notar si una frase o texto fue creada por alguien más y no se le ha dado el crédito correspondiente.

Puedes referenciar otros libros, pero si el 25% de tu libro son datos tomados de otros autores, mi recomendación es que mejor hagas una publicación en tu blog y en él coloques las referencias de todos los libros que te han ayudado a obtener el conocimiento que ahora tienes, para que otros también puedan disfrutarlo.

No inviertas en un libro si no tienes algo propio que contar.

Q de QUOTES

Las **quotes** (en español, citas o frases destacadas), son fragmentos de texto resaltados dentro de tu libro, que tienen un mensaje en el que deseas enfatizar. Habitualmente están ubicados entre comillas o dentro de un recuadro, destacados con una tipografía o color distinto, o incluso, en algunos casos, en una página completa, que puede ir acompañado de una imagen, si así lo deseas.

Estas sencillas frases no solo sirven para destacar el mensaje y darle frescura visual a tu libro, sino que también son una parte esencial del mercadeo. Con ellas puedes conectar con tu audiencia, crear contenido valioso para tus seguidores, y utilizarlas como material promocional. Además, suelen ser piezas agradables de compartir en redes sociales, por lo que se multiplica tu alcance y visibilidad, mucho más si alguna de ellas llega a hacerse viral.

Al terminar tu libro, dedica un tiempo para releerlo y encontrar esas perlas de sabiduría integradas en el texto que debes destacar, o algunas frases que puedes integrar. Identifica en dónde pueden ir y luego destaca el *quote*.

En ocasiones, cuando estoy leyendo el libro ya para revisar, en algún punto un pensamiento llega a mi cabeza, uno que resume de mejor manera el mensaje expresado. Cuando eso te pase, no lo dejes ir; intégralo y destácalo.

> Un buen libro queda para siempre impreso en el corazón de una persona, pero un buen *quote* estará hasta en camisetas.

No te imaginas lo emocionante que es ver uno de los *quotes* de tu libro en la red social de alguien más. Para mí ha sido emocionante porque me deja saber que ese mensaje que escribí ha sido significativo en la vida de ese lector, y que todo el esfuerzo ha valido la pena.

Por eso, no olvides enriquecer tu libro con *quotes*.

R de RELACIONES PÚBLICAS

Para hablarte de la efectividad de las **relaciones públicas**, te contaré mi experiencia:

Para impulsar la campaña de mi segundo libro decidí contratar a una profesional de las relaciones públicas. Con mi primer libro no lo hice, porque el flujo creativo estaba muy alto y mis compromisos no eran tantos, así que pude hacer muchos acercamientos directos a los medios. Pero, cuando fui a publicar mi segunda obra, me di cuenta de que estaba demasiado ocupada y que, de alguna manera, la experiencia previa me estaba nublando la capacidad de crear algo completamente nuevo para esta segunda experiencia con «Mi tabla de salvación».

Al reunirme con una relacionista pública, a quien conozco desde hace muchos años, me explicó cómo podía sacar la mejor ventaja del momento que estaba viviendo. ¡Los resultados fueron sorprendentes! Más de treinta medios internacionales cubrieron la nota de prensa y ni siquiera recuerdo la cantidad de entrevistas que logré hacer. Gracias a esa gestión tengo una sección fija en un medio internacional para el cual ahora escribo, y además fui entrevistada para una cadena de televisión muy importante en el mundo hispano.

Considera en tu plan de mercadeo un buen esfuerzo de relaciones públicas, con un profesional que avale su experiencia con resultados. Te garantizo que vale la pena hacerlo.

R de REDES SOCIALES

Habilitar tus **redes sociales** para lo que viene es fundamental y lo primero que te recomiendo hacer es crear una página profesional como autor lo antes posible. En ella puedes tener una foto de perfil profesional y un banner diseñado, acorde a la imagen de tu marca, tal como te hablé en la B de *branding*.

No te recomiendo en lo absoluto que intentes utilizar tus redes personales como el mejor lugar de promoción para tu libro. Puede que te ayude el dejarle saber a tus familiares y amigos que has publicado un libro, pues ellos estarán felices de apoyarte, pero necesitas tu página de autor.

Tus redes sociales profesionales deben aparecer escritas en tu libro, y cuando hagas entrevistas o cualquier otra actividad promocional, debes dirigir a tu audiencia a ellas. Las personas visitarán tus redes como resultado de haber leído tu libro para conocer más de ti.

Las redes sociales llevan un amplio peso sobre la promoción de tu libro. Necesitas publicar un contenido de calidad que refleje tu imagen, considerando que es el lugar que será visitado por medios, libreros, distribuidores, lectores y editoriales que quieran saber más de ti y tu obra. Los medios las visitarán para saber si van o no a darte una entrevista; los libreros y distribuidores van a ver tu página para tomar la decisión de tenerte o no en sus estantes; y, definitivamente, cuenta con que las editoriales van a ir a tu página para evaluar tu plataforma.

Y no solo eso, personas que conozcas en tus eventos querrán comenzar a seguirte y no debes tener a miles de desconocidos en tu página personal, cuando deberían estarte siguiendo en la profesional. De la misma forma, lectores que no conocen tu libro posiblemente encontrarán tus redes sociales y eso será el canal de promoción para llevarlos a tu obra.

Así que no dudes en invertir en tus redes sociales y crear una estrategia a través de ellas que pueda acercarte a tus lectores y darle a conocer a las personas que te siguen de qué trata tu libro.

Muchas personas me preguntan: ¿Cuándo es el momento de lanzar mis redes sociales como autor? ¿Qué tipo de contenido debo compartir antes de lanzar mi libro? ¿Debo decir que viene un libro, o no?

No necesitas comenzar diciendo que eres autor porque quizás en este momento tu libro no esté listo y no quieres anticipar información que presentarás próximamente, pero si hay cierta expectativa que puedes ir generando.

Te cuento algo: mi esposo y yo abrimos una página juntos, previo a lanzar nuestro libro, «90 días para tu matrimonio». Allí compartíamos frases que nos gustaban acerca del matrimonio, hacíamos videos juntos, y subíamos contenido relacionado con las parejas, como una forma de comunicar que este era un tema de nuestro interés. No decíamos nada sobre el libro, puesto que no queríamos adelantar nada antes del tiempo.

En tu caso, si, por ejemplo, vas a escribir un libro sobre el crédito, puedes comenzar compartiendo consejos sobre temas de finanzas. La idea es que durante el tiempo previo hagas contenido atrayente, sin intentar vender nada y sin adelantarte a tu campaña. Estás en el proceso de buscar amigos y conectar con más personas que también interesen el tema que te interesa a ti, y de esta forma, crear comunidad.

Recuerdo en una ocasión haber trabajado con una autora que iba a lanzar su primer libro, y este contenía reflexiones sobre la importancia de la amistad entre las mujeres. Comenzamos, a través de su página en redes sociales, a desarrollar contenido con mensajes de sabiduría. En ese momento no mencionamos el libro, simplemente producíamos contenido que podía generar una conversación sobre un tema en particular, en donde se requería la sabiduría de las mujeres.

Los colores que utilizábamos y las imágenes eran muy femeninas porque es el mercado al cual estábamos intentando atraer. Luego comenzamos a hacer videos cortos y su plataforma fue creciendo. Cada día más personas se podían identificar con lo que ella decía, y les gustaba la forma tan directa, pero a la vez sencilla, en la que expresaba su punto de vista.

En el momento en el que hicimos el anuncio del libro, ella tenía mil quinientos seguidores, ¡después de haber empezado de cero! No te puedo decir que todo fue gratis, porque sí hubo inversión, pero la hicimos de forma muy estratégica. Eso es parte de lo que comparto en mi *podcast*, y en mi programa online.

Hicimos una gran campaña de promoción para el libro y rápidamente la página alcanzó tres mil seguidores. Hoy en día ella tiene más de cinco mil seguidores activos en las redes sociales. Ya ha publicado tres libros y el más reciente fue bajo contrato con una casa editorial internacional. Sus cápsulas de sabiduría están disponibles en varios canales de radio, tiene varios devocionales en la plataforma YouVersion y es una conferencista muy solicitada. Tiene conferencias casi todos los fines de semana del año.

Te digo esto para que entiendas que no necesitas tener millones de seguidores en las redes sociales para alcanzar tus metas. Necesitas tener una estrategia, hacer todo con calidad y enfocarte en tu mercado objetivo.

Habilitar tus redes sociales y crear el contenido adecuado es parte de lo que debes trabajar antes de publicar tu libro. ¡Comienza ya! Hay cinco tipos de contenido que te recomiendo crear para tus redes sociales a fin de tener efectividad:

1 Anuncio de posicionamiento: Genera contenido de valor relacionado con tu libro para que interactúes con tus seguidores.

2 Anuncio dirigido a ganar prospectos: Aquí puedes ofrecer un capítulo gratis del libro para dirigirlos a tu página de captura.

3 Anuncio de ventas: Hablas sobre tu libro directamente, sus atributos y añades un enlace para comprarlo.

4 Anuncio de remercadeo a prospectos: Una vez has ganado prospectos que te han dado su email y les has dado un capítulo gratis, puedes añadir esos correos electrónicos a tu plataforma de anuncios para que esas personas también vean la promoción de venta.

5 Anuncio de remercadeo de venta: Puedes colocar un pixel a tu campaña que te permita darle seguimiento a los que han curioseado tus anuncios, pero que aún no han comprado.

Para lograr estos cinco objetivos es importante combinar fotos, *quotes*, videos, *reels*, *stories* y hasta encuestas. No intentes saberlo todo en este punto, ve un paso a la vez. Lo importante es que seas consciente de que hay estrategias con las que tu libro puede alcanzar el éxito. Comienza por lo básico y seguiremos avanzando juntos hasta que lo logres.

«En el pasado, eras lo que tenías. Ahora eres lo que compartes en las redes sociales». Godfried Bogaard.

R de *R*EVIEWS (**R**ECOMENDACIONES)

¿Cuánto peso tienen los **reviews** o comentarios sobre un libro? Mucho.

Cuando vas a Amazon sueles fijarte en la puntuación que la suma de estrellas indica como una guía de calidad. Un libro puede ser maravilloso y no tener muchas estrellas, pero un libro con una buena puntuación en las recomendaciones, aun cuando realmente no sea tan genial, va a capturar la atención de más posibles lectores. Esta es la nueva publicidad de boca a boca; el boca a boca digital.

Las recomendaciones siguen siendo el método más legendario y el más efectivo de mercadeo. Solo que ahora la forma de hacerlo es pública. ¿Cómo logramos *reviews*? En principio, debemos pedirlos. Pídelo en tus publicaciones sobre el libro, pídelos verbalmente y hazlo cada vez que vendas un libro. No todos te van a complacer, pero si alguno de ellos te da esa recomendación, vas sumando.

La otra forma en que he descubierto que algunos autores logran *reviews* es creando ofertas de su *ebook* gratis o a muy bajo costo. Con esto intentan llegar a una gran cantidad de personas en pocos días, lo cual logra dos buenos efectos: mejorar su *ranking* de ventas en Amazon, y aumentar sus posibilidades de tener comentarios.

Yo debo reconocer que no hice todo perfecto cuando lancé mi primer libro, cada día aprendo nuevas cosas y las voy implementando a la vez que te las comparto. Lo importante es tener una actitud positiva y ser enseñable.

Cuando solicitas a una persona que lea tu libro para que te ofrezca sus opiniones, debes estar abierto tanto a la crítica como a los halagos. Trabaja sobre las críticas para que puedas mejorar tu obra y solicita permiso para usar los halagos como endosos del libro. Estas opiniones favorables puedes usarlas también en tus redes sociales para promover el libro mostrando lo que algunos lectores opinan.

Por cierto, aprovecho para pedirte que, si este libro te ha gustado o si has leído algún otro de mis libros, pases por Amazon y dejes tu recomendación en mi página de autora. Aquí te comparto el código QR de mi página, para que la puedas acceder rápidamente.

S de SORPRESA

¡Shhh! ¡Silencio, por favor! No solamente el lanzamiento de tu libro debe ser una **sorpresa**, sino el contenido de tu libro por igual. Las frases claves que compartes en él, tu campaña publicitaria, tu video promocional y todo tu proceso con el libro debe tener un efecto sorpresa para que, en el momento en el que lo presentes, cautives.

La discreción sobre la publicación de tu libro hasta el momento adecuado es parte de tu estrategia. No es que sea un secreto que te mantendrás para ti solo, porque obviamente vas a necesitar un círculo de apoyo en el proceso; pero no debes andar diciéndole a todo el mundo sobre lo que estás haciendo.

No hay manera de hacer un libro si no tienes ayuda, pero debes poder confiar en las personas que, en mi apreciación personal, Dios pone en el camino para ser de ayuda al propósito. Todas esas personas deben tener la capacidad mental y emocional de guardarte un secreto y de no adelantarse a nada que tú vayas a estar presentando posteriormente. Yo he tenido la bendición de trabajar con profesionales muy conocidos que han sabido mantener el secreto hasta el final. De eso se trata, de trabajar con personas discretas y profesionales.

No permitas que nadie dañe todos los esfuerzos que has venido trabajando hasta ahora.

El efecto sorpresa es determinante para el lanzamiento de un libro exitoso; es un gran impulsador para las ventas y es parte esencial del ciclo de un libro. La vida de un libro tiene temporadas y puedes aprovecharlas y maximizarlas.

S de SISTEMA y SEO

¿Conoces lo que es el **SEO**? Significa *Search Engine Optimization* (Optimización para motores de búsqueda). Se trata del conjunto de estrategias y técnicas de optimización que se hacen en una página web para que aparezca orgánicamente en buscadores de internet como Google, Yahoo o Youtube.

Debes crear un **sistema** de promoción en donde puedas generar ventas aún en momentos en los que no estás frente a tu comprador, un sistema en donde las personas puedan ir conociéndote y acercándose a ti, para generar una relación de confianza sobre el contenido que publicas y la persona que eres. De esta forma, el día que vean tu libro no dudarán de que el estilo va a ser de su agrado y el contenido, de ayuda.

Uno de los mayores retos en la era en que vivimos, es capturar la atención de una persona por un tiempo prudente que te permita explicar cómo tu producto puede satisfacer las necesidades particulares que esa persona tiene. Cuando creas un sistema, no actúas bajo el impulso de lo que sientes al momento, sino que diseñas un plan estratégico, lo creas y lo automatizas para que puedas descansar y enfocarte en desarrollar relaciones y realizar actividades para continuar avanzando tu carrera.

Para generar este sistema es importante crear una lista con las personas que te siguen, a las cuales les interesa tu contenido.

> Cuando logramos entender el poder que tenemos al publicar nuestra propia obra, cuando nos hacemos cargo de diseñar un sistema de promoción que funciona, y además, damos un excelente servicio, superamos todos los miedos al fracaso.

Pero también superamos la inseguridad que muchas veces sentimos al publicar independientes, porque nos han hecho pensar que la única forma de que a un autor le vaya bien, es que sea publicado por una casa editorial. Y esto es falso.

En la actualidad hay muchas más formas de promover un libro que lo que nunca antes ha habido. Sin embargo, la mayoría de las casas editoriales no están dispuestas a destinar presupuestos promocionales considerables en un autor, a menos que ya haya demostrado altos niveles de venta.

Lamentablemente, desconociendo eso, muchas personas firman un contrato con una casa editorial para luego darse cuenta de que no están haciendo lo que ellos esperan para promover su libro. De hecho, aunque existe una cláusula que indica que los esfuerzos promocionales del autor serán trabajados en coordinación con los que hace la casa publicadora, eso no otorga ninguna garantía.

Las ventajas asociadas a la publicación de un libro son muchas, y yo quiero compartirte algunas ideas que se pueden incorporar a tu plan. Sígueme en las redes y continuemos la conversación. Puedes lograr tener éxito con tu libro. No lo pongas en duda.

S de SINOPSIS

Muchos autores se saltan este paso, pero es fundamental para la buena estructuración de tu obra.

La sinopsis es un texto que ofrece una visión global o amplia de tu libro. Se centra, sobre todo, en el argumento y el tema que trata la obra; todo esto en doscientas cincuenta palabras, aproximadamente.

Este pequeño resumen define nuestra novela o libro, y es importante porque con base en eso nos juzgará el lector. Si no conseguimos enganchar desde el primer contacto, lo tendremos crudo.

Una buena sinopsis hará que el destinatario sea capaz de identificar los aspectos más relevantes de la historia, y provocará en él deseos de continuar la lectura, sin sentir que ya con eso lo tiene todo.

La sinopsis te ayuda a ti como autor a tener clara tu idea, le ayuda a tu editor a conocer el macro de la historia, y es indispensable para que una editorial te tome en cuenta. Esta incluso te puede servir para posteriormente redactar la contraportada de tu libro.

A mí, en lo personal, la sinopsis me ayuda a mantenerme enfocada en el tema central de la obra porque, si no lo tengo claro, una vez comienzo a escribir y estoy fluyendo, corro el riesgo de salirme del centro. Así que, cuando estoy revisando lo que escribí, me sirve volver a leer la sinopsis para estar segura de que estoy cumpliendo la promesa del libro y no me he ido a otros lugares de mi imaginación.

Por otro lado, si me doy cuenta de que entré en puntos importantes que no estaban considerados en la sinopsis inicial, entonces verifico la sinopsis y la adapto al giro que dio el libro en su desarrollo.

T de TRIBU

Quiero comenzar con la T de **tribu**, un término que me encanta porque es el que utilizo para referirme a la comunidad que hemos creado; mi «Tribu de autores», un gremio de autores en el que compartimos la necesidad de crear comunidad y conocimiento.

Este término, según la Real Academia Española (RAE), es «un grupo social primitivo de un mismo origen, real o supuesto, cuyos miembros suelen tener en común, usos y costumbres»[8]. El concepto de tribu también se conoce por la cultura judía. Las doce tribus de Israel eran un grupo homogéneo de familias con un antepasado común, su historia y su fe. ¡Me encanta!

Pero, en el mercadeo, la palabra tribu posee un significado muy particular. Una tribu, según Seth Godin, autor del libro de superventas «*Tribes*»[9], es un grupo de personas conectadas entre sí, conectadas a un líder y conectadas a una idea.

Para mí es importante pensar que los autores podemos unirnos y tener nuestra propia «tribu» en donde podemos conectar y crecer juntos. No hay por qué vernos como competencia; somos un gremio, como los artistas. Ellos caracterizan personajes y en ocasiones compiten por un papel, pero pueden desarrollar grandes amistades con sus compañeros de oficio. Lo mismo podemos y debemos hacer nosotros. Tú puedes fundar una tribu basada en un tópico que dominas para atraer a una comunidad interesada en ello.

Este es un concepto en el que creo y que deseo promover. Por eso, cuando un autor publica su libro a través de nuestros programas, recibe un certificado que lo acredita como parte de la «Tribu de autores», con lo cual recibe promoción gratuita de su obra en las plataformas de Hispanos Media, entre otros beneficios de educación continua en temas de mercadeo para libros.

T de TRADE SHOWS

Otra de las T que quiero compartirte es la de los **trade shows**, que son eventos, ferias, o convenciones especializadas con exhibiciones específicas de productos o servicios de un sector en particular, por lo general, privados, en donde tienes la oportunidad de negociar y hacer relaciones de interés.

Participar en este tipo de eventos dirigidos a la escritura es supremamente importante para ti como autor. Hay algunos a los que vas con la mentalidad de poner una mesa y vender, y hay otros en los que vas buscando conocer personas claves para tu carrera o tus planes. Pero, sin duda, lo mejor es cuando tienes la oportunidad de hacer una presentación con firma de libros.

Te invito a que siempre que puedas asistas a uno de estos eventos, vayas con la expectativa de que, más allá de vender o no vender libros, puedas hacer relaciones de gran relevancia.

En este tipo de eventos puedes tener esa reunión con la casa editorial que has estado deseando; contactar con una imprenta que no conocías y que ofrece un mejor precio o servicio; o conocer a otros autores o personalidades de los medios que pueden ser claves para seguir dando a conocer tu obra. Es un lugar en donde muchos distribuidores asisten y debes ir con la intención de hacer negocios y relaciones.

No hay demasiados eventos en español, por lo cual te aconsejo asistir a los que se realizan, sobre todo si estás comenzando. Muchas personas pueden dar gran testimonio del impacto que, en los años 90 y a principio de los años 2000, el evento de Expolit causó en la comunidad.

Yo he asistido por los pasados diez años y cada una de las experiencias ha sido maravillosa. Me ha abierto nuevas puertas, he establecido grandes relaciones y he podido expandir mi conocimiento gracias a los talleres que muchos de estos eventos ofrecen.

En el mercado americano también existen este tipo de eventos en donde te ofrecen talleres y seminarios, y son una excelente oportunidad para seguir cultivando el aprendizaje y estableciendo relaciones.

U de ÚNICO y ÚTIL

No he querido separar estas dos palabras porque creo que van muy de la mano. En un mundo de tantas copias es importante que tu libro sea **único** y **útil**. Necesitas salirte de la caja de repeticiones, de la zona de comodidad, y experimentar para crear una obra que sea única y especial. Pero cuando estés pensando en ese producto único, un factor que te va a ayudar a encontrar la grandeza de tu libro es la utilidad.

¿Cuán útil puede ser tu libro para las personas que lo van a leer? ¿Cuál es la funcionalidad de tu libro en el mercado? ¿Cuáles son las soluciones que tu libro ofrece?

Te voy a dar un dato: Las categorías de libros más populares son las novelas, los libros de autoayuda y los libros de soluciones, como este. Para que tu novela sea de éxito debe ser única. Para que tu libro de autoayuda o soluciones sea de éxito debe ser útil. Los libros de autobiografía o poesía, lamentablemente tengo que decirte que son los más rechazados en las casas editoriales. Es muy difícil que un libro en una de estas dos categorías se convierta en un libro de éxito. Otros que también son muy populares son los devocionales y los libros de regalo. Entiéndase como libro de regalo aquel que se dedica a reflexiones cortas de motivación, ánimo o exhortación.

Lo mejor que le puede pasar a un autor es ver su libro lleno de marcas, con un bolígrafo dentro y anotaciones por todas partes, porque eso significa que ese libro ha sido útil y es único. Ese lector jamás se podrá desprender de ese libro porque su marca está adentro. Ese libro y su lector son amigos. Ese libro es único en la vida de esa persona. Ha causado un impacto tal, que lo recomendará con todo el que pueda. Es un libro que ha probado su utilidad.

¿Tú quieres que las personas escriban en tu libro? ¿Quieres que lo marquen, lo pinten, que le tomen fotos y que no lo presten? Una vez escuché a una amiga decir que le había gustado tanto mi libro que quería prestárselo a otra amiga. Yo salté de mi asiento, inmediatamente busqué una copia para la amiga, y le dije: «Prefiero regalártelo para que se lo regales». ¿Por qué? Porque si tú prestas un libro, lo pierdes. Ese libro es tuyo y quiero que tú lo conserves. No se trata de intentar forzar una venta, es que honestamente creo que el libro que se presta no vuelve y con el tiempo se olvida.

Procura que tus lectores conserven con ellos sus libros. Qué tu libro sea único, que su servicio les sea útil y la permanencia de tu libro en la casa de tu amigo lector sea para siempre. Como un amigo que no quieres dejar ir.

V de VENTAS

Te parecerá obvio que la palabra **ventas** esté en nuestro abecedario del autor, pero lo que probablemente no esperas es el enfoque que le quiero dar.

Puede parecer increíble, pero he escuchado demasiadas veces a personas decir que quieren escribir un libro, pero que no les interesa que su libro se venda. Entiende esto: no se trata de vender, sino de ofrecerles a las personas lo que tienes para ayudarlos.

Quiero que te imagines que Henry Ford hubiese creado un vehículo sin intención de que se vendiera, y que «con un corazón lleno de bondad» le hubiese regalado un carro a cada persona. ¿Crees que hubiese podido costear los costos de la cantidad de vehículos que hoy en día han sido producidos por su compañía? ¿Cómo crees que llega el poder de la multiplicación? ¿Cómo logras pagar los canales de distribución y los intermediarios que tienen que involucrarse en el proceso para que un libro llegue de la A a la B?

Recuerdo haber trabajado con un autor, hace varios años, que deseaba que uno de sus libros se regalara en las cárceles de México. El proyecto nos parecía maravilloso y queríamos poderlo complacer, pero aunque la compañía decidiera regalar esos libros para que pudieran bendecir a muchas personas, había unos costos de producción que debían ser cubiertos.

Al calcularse la necesidad de libros y los costos de producción, la cifra era realmente grande para que el autor o la editorial lo cubriera. El autor, que tiene otros libros publicados de los cuales genera ingresos, tenía que tomar la decisión de pagar de su bolsillo el costo para poder llegar a esa audiencia específica que él quería alcanzar. Pero si él hubiera querido generar copias ilimitadas para poder alcanzar al mundo entero, sería imposible sin asignar un precio de venta que cubriera las diferentes fases que se involucran en el proceso del libro.

El papel y la impresión tienen un costo, la edición y el diseño también, y el obrero es digno de su trabajo. Tú puedes regalar unas copias y bendecir a algunas personas, pero necesitas tener conciencia de que la única forma en la que tu libro puede causar un impacto es que puedas realizar una transacción de ventas que le permita a las personas adquirirlo. Además, las personas valoran más aquellas cosas por las cuales pagan; eso está más que probado.

Yo hago un evento anual en donde cobro la entrada, pero separo siempre una cantidad de taquillas para regalarlas a mujeres que sé que no pueden pagar por ello. Todos los años, el 90% de las mujeres que pagan su entrada asisten al evento, y también, todos los años, consistentemente, solo el 10% de las mujeres que recibieron la entrada gratis asisten. Las otras noventa mujeres que reciben taquillas gratis no llegan.

Cuando tú regalas el libro, la mayor parte de las veces las personas no lo leen. Y si tienes dudas, te invito a mirar tu anaquel de libros y recordar de todos los que han sido regalados, cuántos te has leído y compara con aquellos que sentiste la emoción de comprar. Haz el análisis para que puedas notar la diferencia.

No tengas miedo de poner un precio de venta a tu libro. Cuando piensas en tu lector re enfocas tu pensamiento, porque sabes que le estás ofreciendo algo que esa persona necesita.

V de VÍDEOS

Hoy día el **video** es una de las formas más efectivas de comunicación, indispensable en la creación de tu contenido y vital para presentar tu obra. A través del vídeo logras un impacto visual que es de suprema importancia en la decisión de compra de una persona, despiertas la atención de tus seguidores y les ayudas a conectar contigo.

¿Quieres transmitir una idea a través de una comunicación sencilla, agradable, con los componentes emocionales de tu personalidad misma? Pues hay cinco puntos esenciales a tener en cuenta en tus videos para un mejor resultado:

1. Cuida los detalles visuales: tu vestuario, la iluminación, lo que tienes a tus espaldas. Las personas se fijan en todo, si tienes detrás de ti algo muy llamativo, los ojos de tus seguidores se irán hacia allí para intentar descubrir todos los detalles que ya captaron su atención. También ten cuidado con los gráficos que te acompañan. El contenido de un video puede ser genial, pero si la parte visual no lo es, será un gran distractor para quienes te observan.

2. Concéntrate en tu público. Cuando hagas cualquier tipo de video intenta tener en mente una imagen de quien te puede estar viendo, tu posible lector. Eso te ayudará a conectar a un nivel más personal y dirigido. Debes conocer a tu audiencia y hablar pensando en ella. Una vez comienzas a grabar, imagina que estás teniendo una conversación con ese cliente ideal y fluye naturalmente.

3. Sé creativo. Inspírate mirando videos de grandes marcas y compañías exitosas, no para copiarte, sino para ganar inspiración. Ver campañas publicitarias, videos de comerciales en otros idiomas y de diversas culturas, ampliará tu visión para hacer videos creativos.

4. Elige los colores correctos. Los colores expresan sentimientos y emociones; por tanto, debe haber coherencia entre los colores y el mensaje. Si hablas de comida, puedes usar colores cítricos; si hablas de limpieza, el azul es un gran color. Busca tonos en tendencia si quieres lucir moderno. Los colores bien utilizados ayudan en la concentración. Cuidado con los tonos oscuros en los videos porque generan sospecha y causan una sensación involuntaria de misterio que quizás no es lo que quieres proyectar.

5. Simplifica tu mensaje y sé conciso. Mantenlo corto, mantenlo simple. Emplea un lenguaje no rebuscado y no intentes dar demasiados detalles. A veces ayuda redactarlo previamente y utilizar un teleprompter para no divagar entre ideas.

> «No hace falta muchas palabras para decir muchas cosas, ni expresiones grandísimas para decir grandes verdades. Solo es necesario albergar la verdad en nuestro corazón y esta fluirá como un río desbordante» José Luis Navajo

- *Booktrailer*

Es un video corto que, con una combinación de audio, imágenes, música y posiblemente, texto, cuenta la historia de tu libro.

Algunos de estos videos se hacen con el autor hablando directamente a cámara y contando cuál es la esencia del libro. Otros tienen una voz de fondo que ofrece algunos detalles mientras se presentan imágenes que dan una idea visual del contenido. Otros pueden incluso hacer una mini producción, similar a los avances de las películas, mostrando la historia que narra tu libro.

Invertir en la producción de un buen video promocional de tu libro es muy importante. Es una forma muy profesional de darle a las personas una muestra de lo que van a experimentar al leer, de acercarte a posibles distribuidores, e inclusive, como parte de tus herramientas cuando te vas a presentar en un evento.

Este video puede ser utilizado en tus redes sociales y con él puedes diseñar una campaña que lleve a las personas a tu página de captura para ventas. Es mi herramienta preferida para lograr alcance en tu estrategia de redes sociales. Te daré más detalles de esto en «Los 15 esenciales de mercadeo para autores».

- **Transmisiones en vivo**

Conectar con tu grupo de seguidores en las redes sociales, a través de las transmisiones en vivo, es algo que necesitas tener en tu agenda.

Algo muy lindo sucede cuando las personas logran conectar con el autor. Los lectores disfrutan comunicarse con los autores, y poder expresar su cariño y apreciación por la obra. A la vez, para el autor debe ser un honor y un privilegio dirigirse a su audiencia y explicar de primera mano la esencia de su libro.

Yo, personalmente, amo conectarme en vivo porque me siento cercana a los lectores y seguidores. Creo que las personas perciben eso y se produce una atmósfera placentera, de amor y apoyo entre las dos partes, que siempre me deja con ganas de volverlo a hacer.

Las transmisiones en vivo no tienen costo y son una manera muy efectiva de llegar a tus lectores y de conectar con tu audiencia. Me atrevería a decirte que es la mejor manera para lograr conversión a ventas. Te recomiendo probar en las diferentes plataformas de redes sociales y ver cuál es más efectiva para ti y para tus seguidores.

Yo desarrollé una serie de transmisiones en vivo cuando estábamos a tres semanas del lanzamiento de mi primer libro. Estas transmisiones me sirvieron para ir creando expectativas del libro a diario, y cada día que me conectaba más personas lo preordenaban. Cada día comentaba uno de los capítulos y la emoción y la anticipación crecían. Generé tantas órdenes previas de último minuto, que casi duplicó la lista.

Muchas personas que llevaban tiempo escuchando sobre el libro y no habían decidido comprarlo, lo hicieron al escuchar alguno de los detalles que compartí durante estas transmisiones. Algunas de las veces en las que me conecté invité a personas de influencia para que discutieran conmigo algunos de los temas que se iban a tocar en el libro. Ellas no lo habían leído, pero yo les adelantaba un concepto y de ahí desarrollábamos un tema, con lo cual la expectativa creció.

No tengas miedo de presentarte en transmisiones en vivo. Las personas aman la autenticidad. Sé natural, pero asegúrate de traer siempre contenido de calidad. El balance entre estas dos es indispensable para mantener la conexión con quienes te siguen. Si eres demasiado natural, pero no ofreces contenido valioso, no querrán ver otras transmisiones porque no le verán el valor. Si ofreces un gran contenido, pero se te percibe «en automático» o con frialdad, no lograrás la conexión para que continúen siguiéndote. Sé tú y disfruta esa hermosa retroalimentación.

- **Vídeos cortos, *stories* y *reels***

Si quieres que tu libro sea parte de las últimas tendencias del mercadeo, tienes que incorporar los videos cortos, *stories* (historias) y *reels* en redes sociales.

Se calcula que, en 2022, el 80% del tráfico de internet es a través de vídeo, y los videos cortos y *reels* van a la delantera de popularidad. Por su parte, los *stories* ayudan a mantener a tu audiencia cercana a ti como autor. Son ideales para compartir contenido casual y aumentar la interacción y el *engagement*[10] de tu cuenta de red social.

Con los *stories* tienes la posibilidad de incluir enlaces directos a tu web, puedes crear filtros, *stickers* o *gifs*, que de una u otra forma representen tu marca, agregar música, y muchos detalles más.

Sabemos que vivimos en una competencia por la atención. Nuestro cerebro se ha ido acostumbrando tanto a ofrecer solo pequeños lapsos de tiempo a cada cosa, que los videos cortos suponen un atractivo y un contenido casi obligatorio para los autores.

La fórmula ganadora parece ser ofrecer pequeñas píldoras en vídeo con un objetivo claro, realizadas para llamar la atención, entretener y ofrecer contenido de valor en muy corto tiempo.

Estos videos tienen algún tipo de superpoder en los algoritmos y en la mente de los consumidores de redes sociales. Así que no peleemos con las tendencias, apliquemos lo que nos funciona y saquemos el mayor provecho para nuestras obras.

W de WEB PAGE

Ya te he hablado bastante de los beneficios de tener tu plataforma propia, o, dicho de otra forma, tu **página web**. Creo que está más que establecido que es importante que desarrolles una página de autor que contenga todos los elementos necesarios para exponer tu obra, por lo que ahora te voy a delinear algunos elementos básicos que esta debe tener:

- Elementos visuales: Una buena entrada con un diseño tipo *banner* que muestre tu foto de autor, y un lema o frase corta que defina quién eres y posiblemente tu obra. Esto es esencial.
- Acerca del autor: Esta es la parte que debe contener tu biografía extendida con algunos logros, reconocimientos y datos de tu carrera que sumen a tu oficio como escritor. Utiliza una foto distinta a la del *banner*, una más cálida para conectar con quienes te están comenzando a descubrir. Puedes incluir varias fotos en esta parte, quizás algunas de ellas en una firma de libros o evento.
- Agenda: En esta sección incluye tu agenda abierta para coordinar, conferencias y talleres relacionados con tu libro. Además, puedes ubicar fotos de eventos pasados con breves párrafos descriptivos de lo que estaba sucediendo en ese lugar.

Puedes también añadir una lista de los temas que estás capacitado para cubrir en conferencias y, de esta forma, pueden conocer tu versatilidad en temas que dominas.

- Tu libro: Debes tener una sección para tu libro en donde presentes portada y contraportada, algunas páginas del interior o incluso tu *booktrailer*. En esta sección debes estar seguro de integrar el sistema de pago para que las personas puedan concretar la compra en tu página. Puedes integrar también los enlaces de compra cuando son ventas internacionales o a través de *ebook*. Incluye también un área para que las personas dejen sus *reviews* sobre la obra, y también considera tener ofertas para compras de grupos de estudios, y formulario de contacto para libreros o distribuidores.

- Tu contacto: Esta parte es esencial. Te recomiendo incluir toda tu información de contacto, teléfono, email, cuentas de redes sociales... todo. Hay personas que añaden solo un formulario para que las personas completen con la promesa de recibir un email de regreso. Pero esto no es tan efectivo, puesto que los lectores quieren conocerte para después contactarte, y si no logran saber más de ti en ese espacio, muy posiblemente no completen ese formulario.

Si ese es tu caso, no lo elimines, pero escribe también tus datos de contacto y deja el formulario como una opción adicional.

En tu página las personas deben poder conocerte. Mi recomendación siempre es que la hagas lo más sencilla posible y, si está disponible, utilices tu nombre de autor como nombre de la página para que te puedan encontrar más fácilmente. Internet es el medio principal por el cual los libros pueden llegar a ser conocidos; desde tener tu libro en las plataformas digitales que lo hacen disponible para la venta, hasta tener tu propia plataforma de ventas.

En el programa que he diseñado te enseño cómo crear tu propio ecosistema de ventas de tu libro, para que las personas puedan ir y comprarlo directamente contigo. Uno de los beneficios es que vuelves el proceso más personal con tus lectores.

Yo amo la experiencia de poder recibir las órdenes de compra, dedicarles los libros y enviar algún pequeño detalle para mis lectores. Yo podría contratar a alguien que lo haga, de hecho, hay pequeñas empresas que se dedican a eso, pero ese es uno de los procesos que me mantienen conectada con los lectores y prefiero no dejar de hacer.

La verdad es que necesitarás ayuda en el lanzamiento, pero después de eso creo que el flujo de contacto inicial lo puedes manejar.

Recuerda que hablábamos de tu kiosco, tu plataforma. Esa página de internet es tu tienda en línea que dice quién eres, que muestra tu libro y que facilita el proceso de compra. Y puede haber mucho más.

Parte de mi objetivo con este libro y el programa online que lo complementa es ayudar a cada uno de los estudiantes que se registren a tener una plataforma de autor activa. Un lugar en donde puedan dar a conocer su libro, otros productos y servicios. La idea es que puedan sacarle el mayor provecho a ese espacio.

X de NO HACER

Aquí quiero detenerme a decirte qué no hacer, aquellas cosas a las que les tienes que poner una **X** bien grande y que deberías eliminar de tus posibilidades.

- Lo primero que debes eliminar es intentar autoeditar tu libro, utilizar un programa de autoedición o a una persona que no tiene las habilidades profesionales para hacerlo. Por favor elimina esa posibilidad.

- Lo segundo es diseñar tu libro tú mismo. Emplear un programa como Publisher, PowerPoint, o Canva, no debe ser una opción. El mejor programa para diseñar un libro definitivamente es InDesign, pero la mejor manera de hacerlo con calidad es con un profesional que estudió maquetación y diseño gráfico. «Zapatero a sus zapatos», no intentes hacer algo para lo que no estás preparado.

- Otra cosa que no puedes hacer es producir tu libro y luego no contárselo a nadie. No desarrollar un buen plan de mercadeo para darlo a conocer y dejar las cajas envejeciendo en la sala o el garaje de tu casa, es algo a lo que, sin duda, debes ponerle una X. Es más, he conocido a personas que tienen el libro listo y ni siquiera se han atrevido a imprimirlo porque tienen miedo a fallar.

- No se vale detenerse ahora. Por favor, quiero que te sientas en la confianza de escribirme si tienes dudas, pero no se vale abandonar. Hay muchas y diferentes ayudas que podemos ofrecerte. Comienza uniéndote al reto para que definas la idea, pero no cometas el error de paralizarte y no vivir la bendición de publicar y tener éxito con tu libro.

- Otro error que no puedes cometer es no creer en ti. Es muy común que en el proceso de escribir y publicar el síndrome del impostor te ataque. Llegan las inseguridades, las dudas y los temores, comienzas a pensar que esto no es para ti y que te queda grande el título de autor.

  Hay tantas historias de autores grandes y reconocidos que nadie los conocía hasta el momento en el que publicaron su primer libro. Uno de ellos es el norteamericano Jonathan Cahn. Él no era una persona conocida cuando escribió el libro «El presagio». El destino y Dios lo acercaron a la persona correcta en el momento menos esperado, y esa persona lo conectó con quien hoy se encarga de publicar todos sus libros. Este hombre ha vendido millones de libros, tiene récord en ventas y no era una persona conocida.

  Deja de dudar del depósito que hay en ti, comienza a confiar en que has nacido para un tiempo como este y que este tiempo no llegó por casualidad. Hoy estás leyendo este libro porque estás preparado para dar el paso de comenzar a escribir tu libro.

- La última de las cosas que no puedes hacer es que, después de leer este libro y de haberte sentido inspirado y movido a lograrlo, entierres tu sueño otra vez. No puedes cerrar este libro sin enviarme un mensaje, quiero leer lo que piensas, quiero conocer cuál es el sueño que está en tu corazón. Es importante que entiendas que los sueños no se logran solos y que las cosas no pasan por pura casualidad. Yo no tendría por qué estarte inspirando a escribir un libro cuando yo también soy autora, pero es el fuego que arde en mi corazón por ayudar a otros a poder lograrlo, lo que me motiva a no rendirme hasta conseguirlo.

Fueron muchas las veces que vi manuscritos ser rechazados porque la persona no contaba con una plataforma, y las editoriales no trabajan en desarrollar la carrera de alguien. Ellos buscan personas que ya lo tengan todo. En ocasiones vi buenas ideas que, al no tener la orientación adecuada, no se traducían en un buen producto para ser comercializado.

Si has llegado hasta aquí adquiriendo un conocimiento que antes no tenías, te invito a que continúes buscando las soluciones para lograrlo. Visita mis redes, busca mis páginas web y mira las opciones disponibles para ti. Independientemente de la decisión que tomes, te pido que me envíes un *email* y me cuentes qué te ha parecido la experiencia de leer este libro y si crees que estás preparado para el siguiente paso.

Y de ¡YUPI! ¡A LANZAR TU LIBRO!

Has llegado a la Y de ¡Yupi! Porque es tiempo de celebrar que llegó la hora de lanzar tu libro; no es tiempo de mirar atrás. Yupi es una expresión de alegría, de felicidad, de júbilo. Es la expresión que vas a lanzar el día que puedas palpar en tus manos esa publicación que tanto has soñado.

Yo te invito a no tener miedo, a mantenerte firme en la posibilidad que está frente a tus ojos. Debes entender que un libro te puede posicionar en la dirección que has deseado por años, te puede catapultar hacia un nuevo destino. Un libro te da una plataforma, te expone y te da credibilidad.

Una persona que logra escribir y publicar un libro ya goza del respeto de la comunidad. Es como cuando ves a un joven terminar su grado de bachillerato y se va a entrevistar con una empresa porque sabe que, por haber completado su grado de bachillerato, está en una posición de respeto. Cualquier persona que inicia un proyecto de tal envergadura y logra terminarlo ha de ser admirado y respetado.

¿Qué puede hacer un libro por tu carrera profesional? Si estás pensando en escribir algo relacionado con tu carrera o profesión, debes saber que automáticamente te conviertes en un referente en el tema que estés desarrollando. Puedes estar seguro de que alcanzarás nuevos prospectos y que las personas te mirarán con gran respeto.

Si eres un pastor y quieres escribir sobre alguno de los temas que disfrutas exponer, puedes alcanzar vidas que posiblemente no se acercan un domingo a la iglesia. Si eres una mujer llena de virtud y sabiduría, y sabes cómo pasar horas en oración, te invito a considerar hacer un devocional con el que puedas inspirar a otras con la pasión que tú lo haces.

Quizás eres una de esas personas que cocina platillos excepcionales y puedes compartir ese talento con otros. Imagina hacia dónde te puede llevar tu talento. ¿Alguna vez has soñado verte en televisión compartiendo tus recetas fabulosas?

Tal vez vendes algún producto o servicio como seguros de vida, autos, o casas. Son compras importantes que requieren conocimiento, y que la mayoría de las personas no tienen la menor idea de lo que hay que tomar en cuenta antes de decidir por algo así. Qué bonito sería que existieran guías para hacer una compra inteligente. Quizás tienes talleres y preparaciones que te hacen único y diferente; compártelas con el mundo.

Posiblemente tienes una historia que puede ser de gran inspiración para otros. Hay quienes han vivido experiencias increíbles, han sobrevivido, o han alcanzado logros excepcionales que merecen ser contados.

Quizás eres un excelente padre, madre, esposo, abuela... Hay mucho que compartir con el mundo de sabiduría que se encuentra en tu corazón.

¿Qué tal si lo único que sabes es español y creas un libro para enseñar el idioma con frases sencillas? Yo tengo un amigo que escribió un libro explicando a los americanos las frases y palabras puertorriqueñas que no se usan en otros países. Vendió miles de copias, hoy lo ha reproducido para diversos países y tiene muchos libros publicados.

Quizás eres doctor y puedes dar consejos sabios para cuidar de tu salud o de tu peso. Es posible que hayas vivido una experiencia traumática en una cirugía que te cambió la vida y puede salvar la vida de tantos. A lo mejor hay una novela en tu interior. ¡Qué falta hacen más novelistas hispanos! Es posible que te gusten los cuentos infantiles, no hay muchos autores hispanos que escriban libros originales para los niños.

> Escribe, salvemos al planeta del entretenimiento adictivo que producen las redes sociales, hagamos que las personas vuelvan a la lectura, y pongamos un granito de arena para hacer un mundo más educado.

Z de ZAMBULLIRSE

Y hemos llegado a la Z de **zambullirse**. No tengas miedo de sumergirte de cabeza en esta nueva experiencia como escritor, porque no irás solo. Te garantizo que los resultados van a sorprenderte y van a llenar tu vida de mucha alegría, gozo y nueva esperanza.

No temas en experimentar cosas nuevas y en seguir descubriendo el potencial que puedes alcanzar a través de tu libro. Únete a la aventura del aprendizaje y a la conquista de esa carrera como autor profesional que está invitándote a participar en ella.

¡Manos a tu obra!

Segunda parte:

La ruta del autor

Tienes un camino nuevo por delante, una larga y divertida ruta por la cual transitar. En esta sección te daré el mapa y las indicaciones que necesitas para llegar a un destino seguro.

Diagrama de creación de un libro exitoso

Paso 1 — DESARROLLO DE IDEA

Simultáneamente

| Participa del Reto: "De la idea al libro en 5 días" | Investiga costos (Plan inicial de presupuesto) |

Paso 2 — ESCRIBE

A la vez
- Registra tu título y subtítulo
- Haz lluvias de ideas
- Conoce el mercado

Paso 3 — ENVÍA EL MANUSCRITO A TU EDITOR

Y mientras tanto
- Crea tu plan de mercadeo
- Desarrolla el presupuesto completo
- Trabaja tus redes sociales de autor

Paso 6 — REVISIONES FINALES

- Asegúrate de que nada se quedó fuera por error de diseño.
- Lee y revisa tu libro después de diseñado.

A la vez
- Pide estimados de impresiones
- Haz proyecciones de venta
- Crea tu hoja de ventas y haz los primeros acercamientos a librerías o distribuidores.

Paso 4 — REVISIONES

- Vuelve a leer tu obra y asegúrate de que el editor hizo un buen trabajo. Envíaselo de vuelta para últimos cambios y correcciones.
- Considera tener un «proof reader» para una lectura final antes de ir a diseño.

Y durante ese tiempo
- Trabaja la portada con un diseñador.
- Crea tu página de captura.
- Lanza tu campaña de preventas.

Paso 5 — TRABAJA CON EL DISEÑADOR EL INTERIOR DEL LIBRO

Simultáneamente
- Organiza el lanzamiento
- Crea las piezas gráficas, promociones y videos
- Haz crecer tu lista

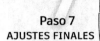

Paso 7
AJUSTES FINALES

Tu diseñador aplicará cambios y preparará tu libro para los diferentes formatos: ebook e impresión regular.

Tu diseñador te debe enviar todos los archivos finales y los formatos editables.

Tú pagaste por el servicio, te pertenece a ti.

Paso 8
SUBE TU LIBRO A AMAZON

Mientras

Consolida los detalles de tu lanzamiento

Trabaja campaña de impulso a través de ads.

Prepara tus envíos.

Aumenta frecuencia en redes sociales.

Promociona el lanzamiento.

Paso 9
IMPRIME
(La impresión debe ser simultánea a Amazon o previa, de acuerdo con tu estrategia)

A su vez

Trabaja tus ofertas.

Crea el comunicado de prensa.

Finaliza detalles de tu lanzamiento

Paso 10
¡LANZA TU LIBRO CON ÉXITO!

Y después de eso

Comienza la aventura de promoverlo e impulsarlo para que sea un «*best seller*».

UN PASO ADICIONAL
Conéctate a nuestro «*Podcast* de mercadeo para autores», para definir las ideas.

Si tienes dudas, regístrate en nuestro webinar gratuito **«¿*Cómo publico mi libro?*»** para que salgas con un plan claro de lanzamiento de tu libro en corto tiempo.

El autor es el mayor responsable del mercadeo de su libro.

Los 15 esenciales de mercadeo para autores

① Realiza una campaña de preventa

Te lo he mencionado varias veces y lo ves en el diagrama de creación de un libro exitoso. No todos los autores deciden hacer una promoción de preventa para su libro; no es algo que <u>tienes</u> que hacer, pero te voy a compartir, desde mi experiencia, lo que me ha funcionado.

Comenzaré explicándote por qué es importante:

Una buena campaña de preventa genera expectativa sobre tu libro y es una gran estrategia para ir moviendo tus redes sociales en dirección hacia ese gran lanzamiento. Por otro lado, la preventa te ayuda a costear los gastos de inversión en tu libro: edición, diseño y, en ocasiones, hasta la impresión. Es a través de la preventa que comienzas a recuperar tu inversión y amortigua la cantidad de dinero que vas a tener que sacar para producir tu obra. Por tanto, a quienes me compran en esta etapa, yo les llamo «mis fieles» y los trato como tales.

Es muy posible recuperar toda la inversión de tu libro a través de una buena campaña de preventa, incluyendo el mercadeo y lanzamiento. En mi *webinar* hablo con más detalles de esto.

Puedes presentar tu preventa tres meses antes de la fecha en la que esperas lanzar; tú decides cuán pronto quieres iniciarla. Hay personas que lo hacen con seis meses de antelación, y hay otras que lo hacen uno o dos meses previos. Lo importante es comunicarle a quienes te están haciendo esa preorden cuál es la fecha en la que deben estar recibiendo su libro. De esa forma te evitas confusiones.

Yo lanzo campaña de preventa una vez tengo la portada del libro y he creado una página de captura, de modo que las personas puedan hacer su preorden y ejecutar su pago. Esta página también me ayuda a ir recolectando *emails* para mantener comunicación con mis lectores.

Algo que yo en lo personal disfruto hacer, es darles contenido anticipado a las personas que hacen la preorden, ofrecerles un precio reducido, y también incluirles unos detalles como obsequios con la compra de su libro. Siempre intenta buscar cosas que puedas hacer llegar por correo.

También puedes crear un grupo especial por Zoom u otra plataforma digital para conectarte con tus lectores, con los fieles que compraron antes de que el libro estuviera disponible. Ya que tienes sus correos electrónicos puedes enviarles contenido en videos cortos en donde les permitas ver tu proceso de avance para el lanzamiento de tu libro.

2) **Prepara tu lanzamiento de éxito**

Hay muchas formas en las que puedes hacer un lanzamiento, pero me voy a enfocar particularmente en dos.

Puedes hacer un **lanzamiento presencial,** en un lugar al que las personas asistan a escuchar una presentación sobre tu libro, tal vez con una entrevista realizada por un profesional en las comunicaciones, y luego abrir a preguntas del público.

En este formato, una vez concluya tu presentación, puedes acercarte a una mesa y firmar los libros para las personas interesadas en adquirirlo. En este tipo de eventos se suelen vender una buena cantidad de ejemplares porque los asistentes son personas que están interesados en conocer tu obra y te apoyan, por lo tanto, es altamente probable que te compren.

Cuando haces un lanzamiento dentro de otro evento, te comento por experiencia personal, los resultados no son los mejores. La atención está dividida, con lo cual se diluye el enfoque del lanzamiento y los resultados también. Te puedes ahorrar dinero, pero no es lo más efectivo.

Es posible gestionar una ruta de lanzamientos en varios lugares, pero creo que una vez el libro ha sido lanzado, los demás son más bien conversatorios.

Por otro lado, puedes hacer un **lanzamiento digital**, en donde, utilizando cualquiera de las plataformas tecnológicas de vídeo, conectas con las personas en cualquier parte del mundo. El formato no es muy diferente; vas a presentar tu obra. Allí podrías interactuar con una persona que dirija una entrevista y abrir preguntas al público a través de estas plataformas. La diferencia es que cuando terminas haces un llamado a la acción para que las personas entren a una página de ventas y soliciten su ejemplar.

Ese enlace puede ser a través de una plataforma como Amazon en donde los lectores reciben directamente tu libro, o en una plataforma propia mediante la cual eres tú quien se los haces llegar.

Yo, en lo personal, prefiero usar una plataforma que yo controlo, porque de esa forma veo los resultados al momento, puedo dedicarles el libro y darles una experiencia más parecida a haber estado conmigo en el evento.

Lo ideal es hacer ambos tipos de lanzamiento, porque con uno te acercas a un mercado local, y con el otro alcanzas un mercado posiblemente internacional. Pero es un hecho que después del Covid muchas personas prefieren evitar los eventos masivos, y que decidir entre uno y otro es un tema mayormente de presupuesto. Sin embargo, si te es posible hacerlo, considera ambas opciones.

③ **Mercadea tu libro usando formatos alternos**

Comencemos por el *ebook*:

Debo confesar que no soy lectora de *ebooks*, no son de mi preferencia porque me gusta más el papel, pero debo reconocer que tener un *ebook* de tu libro es esencial, máxime en tiempos en los que se nota el crecimiento de ventas de ese formato alterno, de gran alcance y posibilidades.

He leído que grandes autores de superventas, como el popular Enrique Laso, quien es un referente de éxito de ventas por Amazon, hacía la mayor parte de sus ventas gracias a sus *ebooks*. Se dice que es el autor hispano que más *ebooks* ha vendido en la historia hasta ahora. Las cifras indican que en su cortísima carrera como autor, porque murió en el 2018, vendió cerca de dos millones de *ebooks* en dieciséis idiomas.

El otro formato alterno que es muy importante tener es tu libro en **audiobook**. La flexibilidad y versatilidad que ofrece un audiolibro permite que las personas escuchen el contenido mientras hacen otras tareas, y debemos reconocer que esta generación ama hacer eso. Los audiolibros hacen que el contenido sea fácilmente accesible en dispositivos electrónicos, independientemente de la hora, la iluminación del lugar, o los movimientos de tu vehículo, ya que puedes «leer» mientras conduces tu auto.

Considera invertir en tener formatos alternos para tu libro y mantente al corriente de las últimas tecnologías. Esto es un beneficio de publicar independiente: tú decides hasta dónde vas a llegar con tu libro y no estás limitado por las decisiones de otro.

(4) Posiciónate a través de las palabras claves (*Keywords*)

Seleccionar palabras claves para optimizar las páginas web y los motores de búsqueda, ha sido una práctica esencial durante mucho tiempo en el marketing digital. Esto funciona para Google, para Amazon y para todo.

Debes elegir el conjunto correcto de palabras claves para tu libro y así aumentarás tu visibilidad; y más visibilidad significa más ventas.

Te lo voy a explicar un poco (recuerda que mi enfoque es el buen marketing de tu libro, ayudarte a lograrlo y que sea simple para todos):

¿A qué me refiero con palabras claves? Son frases o términos que las personas usan para hacer búsquedas en internet. Por ejemplo, si yo quiero aprender cuáles son los pasos para comprar una casa, posiblemente voy al motor de búsqueda y escribo: «Cómo comprar una casa en la Florida». Y si, por ejemplo, tú escribiste un libro en donde quieres explicarle a las personas el proceso de compra de una casa, y quieres que yo te encuentre, te convendría tener en tus palabras claves una frase como esa, entre otras.

Los motores de búsqueda emplean estas palabras claves para determinar los libros, las páginas web y los blogs que son relevantes para la consulta del buscador. Quizás te ha pasado que colocas el nombre exacto de un libro en Amazon y en lugar de que ese libro salga arriba, te salen otros que no son lo que estás buscando. En ese caso, es probable que el autor del libro que buscas no haya hecho un buen trabajo en la elección de las palabras claves y otro autor sí lo hizo. Por tanto, los libros que aparecerán en los resultados de la página para dicha búsqueda tendrán palabras claves como las que escribiste.

5) Crea tu página de captura

Una página de captura, o *landing page*, es un tipo de página web creada específicamente para una campaña concreta de promoción o publicidad. Puede estar integrada a tu página web de autor, puede ser una página independiente, o puede incluirse en tus redes sociales o estrategias de email marketing. Su propósito fundamental es generar *leads* o prospectos para hacer crecer tu lista de seguidores[11].

Esta página debe ser atractiva y similar a tu libro. Las imágenes, el diseño y los gráficos que empleas allí deben invitar a tu lector a querer conocer más. Si tu libro es una novela romántica, entonces tu página debe emular esa emoción.

Agregar una descripción cautivadora del libro en el área de inicio de tu página de captura brinda a los visitantes una razón instantánea para permanecer allí. Piensa en ello como una propuesta de valor o un argumento de venta, no solo respaldando tu libro, sino también mostrándoles a tus lectores por qué lo necesitan en su vida.

Es bueno que incluyas en esta página enlaces para registrarlos en tu lista, fotos, menús, videos, etc. Cuando un autor independiente vincula a un lector con dicha página, el visitante puede hacer muchas cosas. Pero si lo que quieres es que tus lectores realicen una acción en particular, como descargar un capítulo gratis, lo mejor es eliminar las distracciones mencionadas anteriormente (otros enlaces, videos, etc.) y dejar una única opción de acción. Por ejemplo, un botón en negrita que diga: «Descargar un capítulo ahora».

La diferencia entre una página de captura y tu página web es que la página de captura se utiliza para vender, generar una base de datos de potenciales clientes y construir embudos de venta. Tu página de autor tiene otros propósitos que te compartiré más adelante.

6) Sácale provecho a tus redes sociales

Ya te hablé de las redes sociales en general, pero ahora quiero darte datos de algunas de las más conocidas, para que puedas elegir cuáles vas a usar. Verás que, aunque mencionaré varias plataformas, haré énfasis en Facebook, porque, en mi experiencia y en la de otros autores que conozco, esta sigue siendo la red social más efectiva para nuestro propósito con un libro.

Así que empezaré con **Facebook**, porque tienes casi tres billones de razones para estar en esa red social, que te guste o no, es la de mayor alcance. ¿Cómo utilizarla? Ese es el reto.

Ya te mencioné el hecho de no emplear tu página personal para promover tu libro, pero además quiero darte dos opciones de uso muy efectivas: Tu página de autor y tu grupo. Facebook te ofrece una manera muy fácil de reunir a todos tus fans en un solo lugar. Es una línea directa de comunicación entre tú y tus lectores. A través de mi página como autora he podido estar en contacto con clubes de lectura, conferencias y libreros. No hay mejor manera de conectar con tus lectores y que ellos se comuniquen contigo, que a través de los comentarios y tu buzón de mensajes directos.

Facebook también provee una manera conveniente de anunciar próximos lanzamientos y eventos. Y lo mejor: tus amigos pueden compartirlas en sus redes y así aumentar el tráfico y la interacción. Para ello, puedes colocar llamadas a la acción en todas tus publicaciones como «Sígueme, comenta y comparte», por ejemplo; y puedes crear enlaces hacia tu página web o página de captura.

Otra forma de conectar con tu audiencia es documentando allí aquello que logras en medios tradicionales. Además, puedes trabajar colaboraciones con quienes te apoyan, como por ejemplo, cuando haces una publicación informando que un librero tiene tu libro en sus tiendas. De esa forma, sus seguidores podrán seguirte a ti y tú le darás apoyo porque tus seguidores los conocerán a ellos.

En cuanto a los grupos, esta es una opción genial si tienes una estrategia de contenido detrás. Mi recomendación siempre es no hacer las cosas solo por hacerlas; sino hacerlas con estrategia. Por ejemplo, yo tengo un grupo privado en Facebook, en el que las personas disfrutan de un contenido exclusivo que no está disponible en otro lugar. Mi mamá, por su parte, escribió y publicó un devocional llamado «El Alfarero» y tiene un grupo en esta red social, con el mismo nombre del libro. Ese grupo tiene más de once mil miembros, y tiene como propósito compartir la Palabra de Dios y ayudar a personas que atraviesan crisis emocionales y necesitan un consejo.

Piensa en tu estrategia, la visión y la misión que tiene tu libro y determina si un grupo es lo ideal para ti. Los grupos son una línea directa con tus seguidores y un espacio ideal para construir relaciones duraderas con tus lectores. Esta herramienta te provee potencial de alcance orgánico y puedes decidir si hacerlo público, privado o secreto. Es una comunidad de apoyo o de servicio, y sirve como una herramienta para interactuar y proveer enseñanzas y aprendizaje.

Ahora quiero hablarte de algunas otras redes sociales que pueden ser necesarias para ti:

Instagram aún sigue siendo dominada por una generación más joven y su estilo no provee mucho espacio para los negocios o una profunda interacción, pero está creciendo mucho y es muy importante para *branding*. Es una red ideal para construcción de tu marca como autor.

Twitter ha ido perdiendo adeptos, pero continúa siendo valioso mantener presencia y ser una voz en los temas que son de interés para tu libro.

Recientemente he escuchado de las posibilidades de **Pinterest**, quizás no para vender libros, pero sí para crear imágenes atractivas con tus frases destacadas y compartirlas como parte de tu construcción de imagen.

LinkedIn es más empresarial y de negocios, y tiene su lugar también para destacar tus logros como autor. En esta red podrás mantenerte visible frente a libreros, distribuidores, autores, y hasta agentes literarios que andan en busca de talentos.

YouTube debe formar parte de tu repertorio para que mantengas ahí los videos que produces, las entrevistas en las que participas, y hasta para tener un canal directo de interacción sobre temas que les importen a tus seguidores.

Una buena combinación de redes sociales con propósito particulares, es la mejor estrategia de implementación que puedes hacer.

⑦ **Vende tu libro con *ads*** (Anuncios pagados)

Facebook Ads y *Google Ads* son las plataformas de publicidad de pago más efectivas que existen al día de hoy.

Facebook Ads es una plataforma de anuncios, cuyo mejor atributo son las amplias opciones de segmentación de audiencia. Por otra parte, *Google Ads* es una plataforma que se basa mayormente en las búsquedas de palabras claves de los usuarios de Google.

Comencemos por Facebook. Debes entender que si intentas crecer orgánicamente allí, no lograrás resultados. Necesitas tener una campaña de *Facebook Ads* para que las personas vean tus publicaciones. Antes decíamos que la frecuencia era lo más importante, claro, porque mientras más posteábamos nuestros algoritmos eran mejores y teníamos más visibilidad. Pero ahora eso cambió y menos puede ser más.

Lamentablemente puedes postear mucho, pero de forma orgánica, solamente de un 5 a un 6% de tus seguidores verán tus publicaciones. Debes usar los *ads* y aprender cómo segmentar correctamente en esta plataforma para que tu inversión sea efectiva.

Con tu página de Facebook, puedes crear un anuncio y poner a correr una campaña promocional de tu libro a muy bajo costo. También es posible crear campañas vinculadas a WhatsApp, a tu página web, o a una página de captura, y son muy efectivas.

En cuanto a los anuncios de Google, se consideran una forma de publicidad asequible y efectiva, ya que los anunciantes solo pagan cuando un usuario interactúa con su anuncio. Por lo general, esto hace que *Google Ads* valga la pena, pero debo confesar que no es tan sencillo. Requieres contratar a alguien que haga la programación de anuncios por ti.

⑧ Genera contenido atrayente

A finales del siglo XX, Elías St. Elmo Lewis desarrolló un modelo que destaca las etapas de la relación de un cliente con una empresa: el modelo **AIDA**. Este modelo indica que toda compra necesita atravesar por un proceso mental en los consumidores.

Atención: La persona se hace consciente de un problema y de las posibles soluciones para este. Aquí es donde, por ejemplo, crear un *podcast* con contenido de valor en el que discutes en profundidad tu libro, es una buena opción. A través de lo que compartes llamas la atención de tu prospecto hacia un tema en el que tu libro le puede ayudar.

Interés: El lector prospecto se interesa por lo que escuchó y muestra interés en un grupo de servicios o productos. Por esta razón es ideal tener una página de captura a donde dirigirlos.

Deseo: Ese prospecto comienza a evaluar el tema, la marca y las opciones de las que dispone. Por esta razón se hace necesario el contenido de valor en tus redes sociales para que esta persona tenga que mirar y comparar.

Acción: Ese prospecto lector decide comprar. Por tal razón necesitas tu página web con todos los elementos para realizar la venta. Has trabajado bastante en ese consumidor y no quieres un porciento, te has ganado la tajada completa.

La creación de contenido busca ofrecer un plato de comida a tus seguidores en cada paso del camino. No se hace para entretener, se hace para cautivar y dirigir un proceso mental que ocurre en cada ser humano antes de efectuar una compra, consciente o inconscientemente[12].

⑨ Crea un embudo de mercadeo

Los embudos de mercadeo es la parte sistemática que va a facilitar tu vida y la de tus prospectos lectores. Todo ese proceso que te expliqué brevemente en la creación de contenido, se ejecuta de forma previa y automatizada para simplificar el viaje de tu futuro lector.

Esta solución crea un mapa de cada etapa del proceso de decisión de tus seguidores, por lo que es necesario planificar los pasos y el contenido previamente.

Un embudo de *marketing* se puede aplicar a casi cualquier interacción con el cliente. Ya sea que quieras lograr ventas en línea en tu página, generar tráfico en la tienda de Amazon, o recopilar datos para un futuro lanzamiento, esta estrategia te puede ayudar.

Los embudos son una forma poderosa de brindar visibilidad a cada etapa de la conexión con tu lector, y lo mejor de ello es que son medibles. Puedes analizar tu embudo y ver en qué parte del proceso estás perdiendo clientes y puedes ajustar tu campaña[13].

Quizás estás pensando que esto suena complicado, pero sinceramente pienso que es más complicado estar publicando cada tres días contenido nuevo con anuncios de «compra mi libro ya» que nadie lee, y que, mucho menos, lleva a tus prospectos a la acción. Automatiza el proceso y descansa. Es mi mejor consejo.

10 Lanza ofertas atractivas

Si bien te comenté en un inicio que el precio no es un factor que debas hacer relevante en tu contenido promocional, debo decirte que trabajar ofertas con tu libro puede ser muy efectivo.

Cuando participo en eventos me gusta crear combos de dos por cierto precio y si quieren uno de cada uno de mis libros les doy una oferta especial. De esa forma me aseguro de caminar con menos inventario y que cada transacción sea mayor. En los eventos cada persona que te visita es una oportunidad, trátalos con cariño, dales tu atención y entiende el regalo que ellos te ofrecen al visitarte.

También puedes crear ofertas en tus redes, ofreciendo tus libros para fechas especiales relacionadas con tu libro. No abuses de eso porque luego las personas no compran tu libro, a menos que esté en una de esas ofertas.

Donde vale mucho la pena hacer ofertas constantes es en Amazon, sobre todo en tu *ebook*. No tienes nada que perder y te puede disparar tus *rankings* de ventas. Una buena oferta puede ayudarte a posicionar tu libro como *best seller*, aun cuando haya sido la venta del *ebook*. Puedes incluso regalarlo por algunos días, puesto que típicamente cuando una persona leyó tu libro en *ebook* y le gustó, lo va a querer ordenar también en físico. Ese es el beneficio.

11 Diseña tu hoja de ventas

Quise colocar la hoja de ventas aquí porque es un documento que he notado que pocos autores trabajan y es de gran valor.

Una hoja de ventas es un documento de una página con la información esencial del libro. Debe contener la portada, el ISBN, nombre del autor, precio, *target*, BISAC, e información de contacto del autor con redes sociales o página web.

Disponer de una hoja de ventas bien escrita otorga una imagen profesional y de excelencia. Además, facilita al librero conocer el material para tomar una decisión al respecto. Esta hoja debe contener un texto de no más de cien palabras en donde describa brevemente de qué trata la obra y los puntos más relevantes que el libro desarrolla. No necesita mucho diseño, solo que la portada esté en un buen tamaño, y si hay espacio, algunas fotos del interior y contraportada junto al texto.

⑫ Trabaja tus páginas de autor

Hay tres páginas de autor esenciales que debes crear.

La primera es la de tus **redes sociales**, todas en las que estés. Dale cariño a esas páginas y trabájalas como si te estuviera espiando el fundador de la editorial más grande de Estados Unidos o la productora del programa de TV más popular de Latinoamérica. De hecho, terminando aquí me voy a arreglar la mía, en caso de que uno de esos espías esté en mi página ahora :).

Luego, tu **página web**, de la que ya te hablé, pero específicamente el área de «Acerca del autor». Aquí es donde debes ubicar tus mejores fotos, una excelente biografía, logros, el video de la mejor entrevista que ta hayan hecho, y, si es posible, un video agradeciendo a las personas por visitar tu página.

Y la tercera, es la página de **Amazon**. Nunca sabes quien puede llegar allí. Aquí debes ir a KDP de Amazon, eliges la columna de marketing, vas a la sección de *Author Central* y haces clic en «Gestionar página de autor». Comienza a crear tu página de autor y compartir tus novedades más recientes, o los éxitos de tus libros con las personas. De esta manera, los lectores podrán encontrar tus libros de manera fácil y en un solo lugar.

En esta página, además de tus libros, puedes colocar tu biografía en diferentes idiomas, añadir fotos y vídeos, comprobar la clasificación de los más vendidos de Amazon, ver las opiniones de clientes, añadir reseñas editoriales, compartir tus entradas de blog, y consultar la información de ventas de *Nielsen BookScan*. Estas tres últimas opciones solo están habilitadas para los Estados Unidos.

⑬ Produce tu *booktrailer*

Ya te hablé de la importancia de tener un *booktrailer* de tu libro, pero ahora quiero solo darte unos datos de cómo construirlo.

Cuando vayas a producir tu *booktrailer* piensa en tu lector y sé muy cuidadoso en la escritura del texto que utilizarás para crearlo.

Te recomiendo que si vas a hacer un video hablando a la cámara, lo cual para mí es lo mejor, tengas un *teleprónter* de donde puedas leer. No intentes memorizar todo porque vas a invertir demasiado tiempo.

A mí me pasa que cuando trato de memorizar algo me ataca la risa; no puedo pensar mucho lo que tengo que decir, porque se me cruzan las ideas en la mente. La niña en mí quiere salir a jugar y no puedo parar la risa una vez comienza. Cuando el video es en vivo, yo fluyo normalmente, sin problema; pero cuando es grabado, espera los *bloopers*[14].

Cuando leas, hazlo con las entonaciones correctas de una presentación natural. Cuida de no hacer evidente que estás leyendo, ni tampoco practiques para ser reportero.

Ten cuidado con la iluminación, el sonido y la locación. Por favor, no lo hagas dentro de tu auto. Repito: no hagas videos promocionales dentro de tu auto, a menos de que vayas a hacer un libro acerca de automóviles, y en ese caso, mejor párate frente al vehículo, no adentro.

Puedes incorporar imágenes de apoyo con videos que representan lo que estás diciendo, para que el video entero no sea solo viéndote hablar. Eso lo hace más entretenido.

Una buena edición es vital. Contrata a alguien que pueda hacerte las tomas y la edición. Si vas a crear una historia, cuenta con un profesional que evalúe la idea, para que no sea algo trillado. La musicalización de fondo es importante y debe ser acorde con el tono de tu voz, tu energía y la temática del libro.

(14) Desarrolla una conferencia con tu libro

Elige temas que cubres en tu libro que puedan convertirse en una conferencia. Por ejemplo, de mi primer libro yo utilizo el epílogo, y dicto una charla que se llama «Cómo caminar sobre el mar», que he ofrecido a profesionales, a organizaciones sin fines de grupo, y hasta a jovencitas de escuela intermedia y *High School*. Estas conferencias las ofrezco en iglesias y también en lugares seculares.

Mi esposo y yo organizamos salidas en *paddle board* con grupos, y antes de salir a practicarlo ofrezco mi charla. La adapto al tiempo, a la necesidad y al grupo que me escucha, pero los principios son los mismos.

El resultado: Las personas son impactadas, reciben una pequeña muestra de lo que el libro contiene y se lo llevan sin poder esperar a leerlo.

No cuentes tu libro entero, entrega algo que está en tu libro que puede ser un entremés delicioso para que luego quieran disfrutar del manjar entero.

⑮ **Prepara la presentación de tu libro**

Es importante que distancies tu conferencia de una presentación del libro. Tu presentación del libro puede ser de treinta segundos en un evento de *networking*, tres minutos en una tertulia de autores, diez minutos en una presentación en una librería. El formato es distinto, pero la clave se encuentra en desarrollar un texto que se adapte a este formato:

Mi libro ayuda a _____ *(tipo de personas, target)*
a que logren _____ *(necesidad de tu público)*
para que puedan _____ *(objetivo que desean alcanzar)*
sin tener que _____ *(objeción)*.

Otro ejemplo similar:

Mi libro sirve de apoyo a _____ *(quién)*
que quieren lograr _____ *(qué)*
con _____ *(cómo)* para alcanzar _____ *(para qué)*.

Te voy a dar como ejemplo la presentación de 30 segundos de este libro: «Publica tu libro con éxito» ayuda a <u>futuros autores</u> que quieren <u>publicar su libro de forma rápida y profesional</u> con una <u>campaña promocional</u> que los lleve a tener <u>éxito en ventas</u>.

Este es el de «90 días para tu matrimonio»: Este libro sirve de apoyo a <u>parejas que van a casarse</u> que quieren lograr <u>prepararse espiritualmente para el matrimonio</u> con <u>tiempos de oración juntos</u> para alcanzar un <u>matrimonio excelente</u>.

Y este, el de «Mi tabla de salvación»: Este libro ayuda a <u>madres solteras</u> que logren <u>la sanidad interior</u> para que puedan <u>rehacer sus vidas</u> sin tener que <u>temer otro fracaso más</u>.

Crea el tuyo. Ese es el primer paso para tu presentación. Puedes tener más de uno para cada libro y lo adaptas de acuerdo al grupo de personas a las que estás presentando. Por ejemplo, mi libro de matrimonios no solo sirve para parejas que quieren casarse, funciona muy bien para matrimonios que quieren comenzar a orar juntos. El de «Mi tabla de salvación» sirve también para mujeres que han sido heridas, no solo madres solteras. Yo puedo mencionar ambas en la presentación o usar la que más vaya acorde con el grupo al cual estoy hablando.

Esta es la versión corta, y con ella siempre comienzas. Luego, si tienes más tiempo, vas a desarrollando el cómo, que se convertirá en los puntos claves que destacas en tu libro. Por ejemplo:

«*A través de mi libro "Publica tu libro con éxito" ayudo a personas que sueñan con escribir un libro, o incluso a aquel que ya lo publicó, pero que no obtuvo los resultados deseados. Los lectores van a encontrar soluciones efectivas para triunfar con su obra escrita. En el libro, las personas pueden conocer un abecedario de términos editoriales indispensables y una ruta guía para el proceso de escribir que es muy efectivo para autores noveles. También comparto un listado de consejos esenciales de mercadeo para libros, que puede ayudar a cualquier autor. Además, está escrito con un lenguaje sencillo y lo he enriquecido con historias personales de mi vida como autora que espero les sea de inspiración. Este libro le dará al nuevo autor las herramientas para adentrarse en la aventura de publicar su libro con éxito, y el aliciente que necesita para acercarse confiadamente al proceso de escribir*».

Si te fijas, redacté este párrafo de modo que suene bien al leerlo en voz alta, que se escuche natural y que se oiga con mi estilo, porque es lo que usaré de guía para presentarlo frente a un grupo de personas. No escribas el tuyo como para que sea leído, sino para que sea presentado.

¿Con mi texto de presentación le estoy dando al oyente la información específica que tú estás leyendo ahora? No. Le estoy compartiendo el «menú» de la forma más sencilla posible. De acuerdo a la cantidad de tiempo que tenga, puedo continuar explicando no solo «el especial del día», sino también «los favoritos del chef» y «los platos únicos» que pocas personas conocen, pero que son de gran valor en mi «restaurante».

El registro de tu obra en 4 pasos

Como te comenté cuando hablamos de las gestiones, el registro de tu obra es uno de los trámites más importantes que debes hacer, porque, aunque no es algo obligatorio, sí representa protección y control para la obra que vas a publicar. Vale la pena hacer las cosas bien. A continuación te daré los pasos que debes seguir basado en la normativa aplicable para los Estados Unidos. Te recomiendo que te informes cuáles son los pasos que debes seguir y las entidades a las que te debes dirigir en tu país para registrar tu libro.

Paso 1
ISBN *(International Standard Book Number)*

Cuando ya tienes claro el género literario, tema y título del libro, el primer paso que debes dar, en cuanto al registro de tu obra, es ir al portal online que lleva los registros de ISBN[15]. Allí crearás tu usuario y contraseña para solicitar tu ISBN y *BarCode* (código de barras), después de pagar los costos correspondientes.

Este es un número de trece cifras que identifica de una manera única a cada libro o producto editorial publicado en el mundo. Este número se asigna tanto al titular como a un título específico, su edición y formato.

El *BarCode* o código de barras solo es necesario si distribuyes copias impresas de tu libro en tiendas, ya que es necesario para el escaneo físico del minorista. Muchos libreros lo piden para tener tu libro disponible.

Hay mucha confusión entre el registro de propiedad intelectual y el registro de ISBN. Son dos procesos de inscripción diferentes que se complementan y tienen funciones distintas. La función primordial del ISBN es promover la venta y reflejar el índice de publicaciones en un territorio.

Cuando inscribes tu libro para obtener tu ISBN, incluyes los datos de publicación de tu libro y reflejas su autoría; pero no provees los archivos originales de la obra. Por eso quiero destacar que los derechos de propiedad intelectual **no** quedan protegidos por la obtención de un ISBN, sino por la propia publicación de la obra o por su inscripción en el Registro de la Propiedad Intelectual. Por eso es importante hacer ambas inscripciones.

Paso 2

Derechos de autor

Esta es una forma de protección con base en la Constitución de los Estados Unidos y otorgada por ley para obras originales de autor fijadas en un medio de expresión tangible. El derecho de autor abarca tanto las obras publicadas como las no publicadas. Este documento protege tu libro contra el plagio.

Las ideas y descubrimientos no están protegidas por la ley del derecho de autor, aunque la manera en que son expresados sí puede estarlo. Tu obra está bajo protección del derecho de autor en el momento en que se crea y se fija en una forma tangible, que es perceptible directamente o con la ayuda de una máquina o dispositivo.

¿Tengo que registrarme en una oficina para estar protegido? No. En general, el registro es voluntario. El derecho de autor existe desde el momento en que tu obra es creada. No obstante, tienes que realizar el registro si en algún momento necesitaras entablar una demanda.

¿Por qué debería registrar mi obra, si la protección del derecho de autor es automática? Se recomienda el registro por diversas razones: Muchas personas deciden registrar sus obras porque desean tener los datos de su derecho de autor en el registro público y poseer un certificado de registro.

Las obras registradas pueden ser elegibles para recibir indemnizaciones y el pago de los honorarios del abogado en un litigio exitoso. Esto lo puedes hacer en el registro de propiedad intelectual de tu comunidad o electrónicamente[16]. Estos procesos no son gratuitos, pero son muy económicos.

Paso 3

Número de Control Preasignado (PCN)

Este código fue establecido para preasignar los números de control de la Biblioteca del Congreso. El propósito del Programa del Número de Control Preasignado es permitir que la Biblioteca del Congreso asigne números de control a autores y autoeditores, antes de su publicación, a los títulos que se podrían agregar a los fondos de la Biblioteca.

Las editoriales envían copias de sus libros a la Biblioteca del congreso y reciben de vuelta un certificado. Este proceso no es obligatorio; es opcional y tiene un costo. El editor imprime el número de control en el libro, y con ello facilita la labor de catalogación y otras actividades relacionadas con el procesamiento de libros para las bibliotecas y para los libreros que adquieran ejemplares[17].

Paso 4
Categorizar tu obra (BISAC)

Otro paso importante es obtener tu BISAC (*Book Industry Standards and Communications*). Las categorías BISAC son un sistema de categorías y temas estandarizados para los libros gestionado por el *Book Industry Study Group* (BISG). Los códigos estandarizados ayudan a las librerías, bibliotecas, investigadores de mercado y compradores a encontrar libros sobre temas específicos.

Cada una de las categorías BISAC está conformada por tres letras y seis dígitos. Contiene cincuenta y una categorías básicas, cada una de ellas con sus correspondientes subcategorías. Solo hay que navegar por cada una de las categorías para encontrar la que se adecua más a la temática de tu libro.

La categoría que selecciones es parte de los metadatos de un libro[18]. Como te dije al principio, todas estas inscripciones son opcionales; de hecho, he leído que autores que publican solo en Amazon no lo hacen. También sé que algunas personas sienten que su obra no es de tanto valor como para que pueda ser copiada, y la verdad es que posiblemente Cervantes pensaba así cuando escribió la novela más popular de todos los tiempos en el mundo hispano.

Nunca sabes el alcance que tu libro pueda tener y debes estar protegido desde el día uno, porque si la bendición de ser un *best seller* te toca a ti, nadie puede arrebatarte esa bendición que legalmente te corresponde.

Mi consejo: Hazlo bien desde el principio e inscribe tu libro.

¡Vamos juntos a subir la vara de la publicación independiente!

Publica tu libro con éxito

Tercera parte:

Define tu idea

Para esta última sección necesito que tengas lápiz o bolígrafo contigo porque vamos a poner...

¡MANOS A TU OBRA!

Guía de publicación

¿Recuerdas el reto que te propuse al inicio del libro, para llevar tus ideas a la práctica? Si lo hiciste, esta guía será el complemento perfecto para empezar a trabajar. Si aún no lo has hecho, te animo a que te unas para que tu experiencia sea todavía más productiva.

Ahora dedica un tiempo para vaciar sobre papel tus ideas iniciales. Estas ideas pueden ir cambiando con el tiempo, o al ir escribiendo tu manuscrito, pero necesitas empezar. Ahora sí, ¡comencemos!

El título del libro que decidí trabajar, después de completar el reto «La idea de tu libro en 5 días», es:

La temática de mi libro resumida en un *tweet* es:

El género literario de mi libro es:

Tres palabras claves que identifican mi libro:

\#

\#

\#

El precio de mi libro será: _____

Definición de mi audiencia: _____

Género: _____

Rango de edad: _____

Necesidades de mis lectores:

_____
_____
_____
_____

Gustos y preferencias:

_____
_____
_____
_____

Dónde compran mis lectores:

_____
_____
_____
_____

Mi mercado o nicho:

Mercado al que me dirijo
(Por ejemplo: Cristiano / secular / empresarios / mujeres)

Autores de referencia:

De qué tamaño es el mercado de ese autor
(seguidores en sus plataformas):

Qué me hace similar y diferente a esa persona:

Libros similares al que quiero escribir:

Diferenciadores de mi libro:

Cómo es la persona que al mirar el tema de mi libro
se sentirá atraído a comprarlo:

Los puntos principales que destacan a mi libro, son:

¿Qué me hace atrayente? (Describe aspectos de ti que te hacen distinto, único y atrayente como autor):

Mi libro en 300 palabras (Sinopsis de tu libro)

Si en una o algunas de las preguntas te sientes retado y no sabes qué responder, te animo a hacer lo siguiente:

1. Únete al reto
«La idea de tu libro en 5 días»,
Regístrate en:
www.laideadetulibro.com

2. Visita **www.comopublicomilibro.com** y separa la fecha de tu webinar. ¡Es gratis!

3. Conéctate a nuestro *Podcast* y continuemos la conversación.

4. Solicita admisión en el grupo privado en Facebook *«Tribu de autores»*.

5. Ven a **www.hispanosmedia.com** en donde ofrecemos contenido de valor para nuestros autores y promovemos a los escritores hispanos.

Epílogo

La vida de un autor

Debes ser consciente que la vida de autor requiere que mantengas tu sombrero puesto. Ser un autor publicado es un oficio como tantos otros, y es importante que entiendas las funciones e implicaciones que este tiene.

Vas a asistir a eventos, y personas que han leído tu libro se acercarán a ti para conversar como con un gran amigo. ¡Yo amo eso! Algunos te pedirán una foto o que les firmes su libro, lo cual yo considero es un gran honor. En algunas ocasiones, conocerás personas que no estarán de acuerdo contigo, pero todas esas experiencias forman parte de esto.

Cuando vayas a viajar, toma en cuenta llevar libros contigo y considera identificar una agencia o persona especializada en relaciones públicas en el país de destino, que pueda coordinar para ti una gira de medios. Yo tengo copias conmigo todo el tiempo. Estoy muy consciente de que en cualquier momento y lugar puede surgir una oportunidad, ya sea para que un lector pueda tener mi libro en su mano, como para que un medio pueda hacerme una entrevista. Puedes aprovechar también para visitar algunos libreros locales y hacer presentaciones con firmas de libros (para eso tendrás que ejercitar tu mano y practicar tu firma).

Te impactará la cantidad de relaciones que podrás entablar y personas nuevas que vas a poder conocer a través de esta carrera. Conocerás a otros autores, personas que practican tu mismo oficio. Sé amable, sé amigo, sé cordial y buen compañero. Los autores no somos competencia, somos colaboradores de una misma industria, aportando desde nuestra experiencia a diversos temas para la educación colectiva. Sé un autor de oficio con alto profesionalismo y gran personalidad.

Acercarte a los círculos adecuados puede hacer que tu libro llegue a niveles insospechados. Desarrolla buenas relaciones, mantente activo, conociendo diferentes premios y reconocimientos que se hacen para los libros durante el año. Que tu libro sea nominado o gane algún tipo de reconocimiento, ayuda mucho a su difusión y a la reactivación del *marketing* de tu obra.

Hay diferentes categorías y premios. Asegúrate de identificar en cuál de ellas puedes participar y toma el tiempo de llenar toda la información necesaria. En ocasiones es tedioso, pero vas a disfrutar mucho los resultados.

Te puedo decir, por experiencia personal, que las mejores oportunidades que han surgido en mi carrera como autora han sido comunicadas por otro autor amigo. De hecho, al cierre de la edición de este libro, recibí la noticia de que fui nominada como «Autora del año», dentro de unos premios en Colombia, en un evento internacional. No se trata de ganar, pero obtener una nominación junto a grandes autores de gran trayectoria que respeto y admiro, ya me hacen sentir una autora de éxito, me hace sentir ganadora.

> Un libro es como un hijo; comprométete de por vida con él.

Ten una mente activa sobre otras alternativas para tu libro. Ahora está en tendencia hacer minilibros es decir, toman un libro y lo dividen en unos pocos capítulos, y con eso lo crean. En este momento Amazon acaba de lanzar una plataforma enfocada en ese tipo de material. Se venden a un precio menor, pero sirven para alcanzar a una comunidad que no disfruta leer libros grandes y que prefieren obras más breves y específicas.

Sigue creciendo y desarrollándote como autor, y si no tienes intención de escribir ninguna otra obra, con más razón no abandones la que tienes. Un libro es como un hijo que va cambiando de etapas, pero, una vez lo tienes, es tuyo para siempre y nunca puedes olvidarte de él. Es a ti a quien le toca mantener viva la llama de tu libro.

Si no, observa cuántos libros de John Maxwell tienen más de veinte años de haberse publicado y él sigue trabajando con ellos como base. O el famoso libro: «Los cinco lenguajes del amor» del que han surgido muchos otros derivados, pero que, al final, sigue siendo la misma temática. Con todos ellos el autor nunca ha abandonado su obra.

Una vez ha pasado el «boom» de tu lanzamiento, no puedes dejar tu libro caer. Es el error que muchos cometen. Necesitas mantenerte activo en las redes sociales y aquí es donde los testimonios de las personas que han leído el libro juegan un papel fundamental. Tú puedes crear contenido para las redes sociales utilizando esos endosos que las personas te han ido dando en las primeras semanas.

Organízate para visitar librerías, hacer firmas de libros, asistir a festivales, *trade shows*, conferencias y eventos. Trabaja en colaboración con algunos compañeros autores. Si en tu lanzamiento preparaste un comunicado de prensa que fue enviado a los medios de comunicación, es posible que en los primeros meses estés recibiendo invitaciones para hablar de tu libro en diferentes medios tradicionales y medios sociales.

Mantén tu pasión por tu libro, tu entusiasmo y tu sonrisa. Sigue con los deseos de seguir llevándolo hacia adelante.

Te recomiendo invertir en tus plataformas digitales, de manera que las personas sigan viendo tu libro, día a día, en todas partes. En ocasiones puedes hacer una transmisión en vivo y regalar uno de tus libros para que mantengas la atención de tus seguidores y puedes buscar fechas especiales para trabajar ofertas y regalos con la compra de tu libro. Debes ser consciente que la vida de autor comienza cuando publicas.

Yo recomiendo que aun cuando hayan pasado los tres meses iniciales después del lanzamiento de tu libro, continúes con una campaña de mantenimiento. Busca diversidad de temas que puedan aportar al tema de tu obra. La campaña de redes sociales la puedes adaptar a la temporada, pero es parte de tu trabajo como autor mantener viva la conversación.

Proyéctate, y me refiero a proyectarte hacia el futuro, me refiero a proyectar cuáles son los planes a largo plazo que tienes para tu libro. Debes comenzar a proyectarte con una carrera como autor en donde no solo publiques un libro, sino que posiblemente tengas una serie, o tengas productos alternos que apoyen a ese producto. Proyéctate viajando, alcanzando ciudades e impactando vidas. Proyéctate triunfando como autor y proyecta tu obra en esos lugares en donde hoy

> Tu libro puede cambiar tu vida.

vas tú a comprar libros. ¿Alguna vez te has imaginado ver a tu libro en una tienda de un aeropuerto? Comienza a proyectar los cambios que pueden surgir de la publicación de tu obra. Sueña en grande y trabaja en esa dirección.

Escribir un libro te puede cambiar la vida. Cambió la mía, aceleró cosas y abrió puertas. Mi primer libro me llevó a dar conferencias y crear eventos para mujeres. Han surgido viajes y muchas propuestas gracias a él. El libro de matrimonios me acercó a un ministerio sin fines de lucro que hoy me paga para dar talleres junto a mi esposo sobre el matrimonio. No sé cuántas puertas abrirá este libro, pero sé que lo hará. Así como el tuyo abrirá puertas y te llevará a sitios, te conectará con gente y le dará un nuevo color a tu vida.

Pero recuerda siempre que la publicación de un libro no puede ser un trabajo solitario; requieres de personas que estén en cada fase del proceso contigo. Muchos autores están conscientes de que las dos primeras partes necesitan apoyo de otras personas, pero fallan cuando creen que una vez el libro está listo, deben correr solos.

He querido enseñarte en estas páginas cuáles son los pasos a seguir una vez tu libro ha sido publicado y has hecho el mercadeo correcto. Sé que es mucha información y que quizás necesitas más detalles, pero nuestra relación no termina al concluir este libro, comienza aquí.

> ¡Atrévete a vivir la vida de un autor! ¡Publica tu libro con éxito!

Cuando quieres algo, trabajas por ello. Si no lo haces, es porque no es verdaderamente importante para ti.

Conclusión

Direcciona correctamente tu proyecto

Si tú quieres hacer algo tienes el poder de lograrlo. ¡Querer es poder! Solo necesitas proponértelo y trabajar fuerte hacia ello. Si has llegado hasta aquí es porque tienes la completa convicción de que has sido llamado a escribir una obra. No dejes que nadie te diga lo contrario, no permitas que tus temores te detengan.

Hay mucho que vas a tener que aprender en el camino, pero no estarás solo. Yo estaré para ayudarte y lo vamos a hacer de una manera que será tan divertida como eficiente, y los resultados, maravillosos.

Quiero que entiendas que hay mucho poder en la declaración de lo que queremos lograr, pero también hay poder cuando declaramos nuestros miedos. Yo te invito a que, de este momento en adelante, elijas con mucho celo las personas a las cuales le vas a compartir lo que estás haciendo y que puedas empezar a poner manos a la obra en este proyecto hablando menos y trabajando más.

Querer es poder siempre y cuando tengamos la disposición de trabajar valientemente hacia la meta que está en nuestra mente y nuestro corazón. Mientras sigamos soñando en nuestras camas y no abramos los ojos a la realidad, el día a día nos atropellará los sueños. Ellos se quedarán siendo solo eso y con los años viviremos la pesadilla de no haber logrado alcanzar nuestro propósito. Que ese no sea tu caso. Conviértete en un autor de éxito, trabajemos juntos y vamos a lograrlo.

> ¡Un libro lo cambia todo! No lo dejes para después.
> Es el momento de publicar tu libro con éxito.

Quiero que tomes en cuenta que hay tres cosas que tú necesitas tener y que ni yo ni ningún programa puede darte:

1. Un contenido de calidad para que valga la pena comprar tu libro.
2. Determinación y compromiso para trabajar diligentemente en tu proyecto hasta tener concluida tu obra y hacer este sueño una realidad.
3. Amor y pasión por el tema en el cual quieres enfocarte. Tú debes sentir más atracción por escribir de ese tema que ninguna otra persona en el mundo.

Este es tu tiempo, es tu año. ¡Hazlo tuyo!

Decídete a escribir, publicar y promover ese libro que está en tu corazón y hazlo con éxito. Haz de este, un proyecto de vida, y verás los frutos de transformación en tu historia personal. Cuenta conmigo para lograrlo,

Con amor,

Elsa Vilardo

Si este libro te ha ayudado o te ha inspirado, escribe una reseña en Amazon. Ya conoces bien las razones por las cuales te lo pido.

Es con el apoyo de nuestros amigos lectores que podemos seguir haciendo crecer la comunidad de autores hispanos.

Agradecimientos

A mi esposo, Stephen. Gracias por ser mi acompañante en el camino y el que me impulsa a hacer más. Gracias por siempre creer en mí. Siento que a tu lado, juntos, podemos hacer todos nuestros sueños realidad. No existe el «tú» y el «yo» por separado; somos un «nosotros» en todo y para todo, y me encanta eso. Gracias por ser mi equipo. Te amo y sé que si no tuviera tu apoyo, no podría hacer tantas cosas. Quiero vivir cien años más de un matrimonio maravilloso contigo.

Agradezco también a las personas que durante la creación de este libro fueron como gasolina para mí, a quienes tengo mucho que agradecer. Mencionaré algunos de ellos: Alex, gracias por inspirarme a escribir esta obra. Ofelia, por creer en mí y siempre impulsarme a trabajar desde mis fortalezas. Gisella, tú eres mi socia en esta obra, lograste ayudarme a reorganizar las ideas y a ser concisa. Marilyn, gracias por ser mi lectora «beta» y darme la retroalimentación necesaria para lograr la excelencia. Arean, gracias por siempre decir un amable sí a mis ideas y trabajar fuerte para complacerme con el diseño. Y José, gracias por apostar a esta obra aún antes de que estuviese lista; gracias a ti llegamos más lejos.

¡Gracias a mi equipo de trabajo! Nada bueno se hace solo, sin ellos y mi familia no sería posible lograr tantas cosas en los tiempos tan cortos en que me gusta lograrlas. De diversas maneras, cada uno me impulsó a continuar trabajando en esta obra y a ver el valor de lo que estaba haciendo. Sin equipo no hay posibilidad de hacer del trabajo, uno divertido. Gracias por ser parte de este manual de ayuda para una generación de futuros autores profesionales hispanos. Juntos estamos impulsando un cambio para que los libros autopublicados sean conocidos por alta calidad y conocimiento de la industria.

Gracias a ti, que hoy me lees; mañana quizás yo te lea a ti. Gracias por decidir invertir en ti y ser parte de esta nueva generación. Gracias por creer que el camino a la excelencia nos vuelve mejores seres humanos. Tu compromiso eleva el nivel de nuestra literatura y, por ende, de nuestra cultura y herencia hispana. Gracias por ser un orgullo hispano y por querer convertirte en uno de nuestros héroes, de los que escribe la historia y perpetúa el conocimiento y la educación.

Gracias.

Te espero en el *webinar*.
Regístrate para que continues avanzando hacia la realización de tu sueño.

Referencias

Epílogo

1. *Blended family*: Concepto que se refiere a las familias en las que uno o ambos miembros de la pareja tiene hijos de uniones anteriores.
2. *Drive through* Esta expresión se refiere a un tipo de servicio de entrega, en el que los clientes compran productos sin dejar sus autos.

Primera parte: El abecedario del autor

3. Neal Scheaffer: "Are blogs still relevants in 2022?" [en línea]. *Neal Scheaffer:* Última revisión: 25 de julio de 2022. Recuperado el 24 de septiembre de 2022. Disponible en <https://nealschaffer.com/are-blogs-still-relevant-in-2019>
4. *Print on demand:* La impresión bajo demanda se refiere a la impresión de un número determinado de ejemplares en un pedido.
5. Bookwire: "Evolución del mercado digital en español" [en línea]. *Bookwire*: 18 de mayo de 2021. Disponible en <https://www.bookwire.es/empresa/noticias/detalle/evolucion-del-mercado-digital-en-espanol-informe-2021-la-facturacion-de-audiolibros-crece-un-137/>
6. Etimología de Quiosco: [en línea]. *Etimologías de Chile:* Recuperado el 24 de septiembre de 2022. Disponible en <http://etimologias.dechile.net/?quiosco>
7. Acerca de la historia de los libros: "Breve historia del origen del libro". *Dical*: Recuperado el 24 de septiembre del 2022. Disponible en <https://dical.es/blog/historia/breve-historia-del-origen-del-libro>

8. Real Academia Española: "tribu"
   [en línea]. *Dle*: Recuperado el 24 de septiembre de 2022. Disponible en <https://dle.rae.es/tribu>
9. Seth Godín: *Tribes: We need you to lead us"*, Piatkus, 2008.
10. *Engagement:* Término que, en redes sociales, se refiere a la conexión emocional entre un usuario con una marca o sujeto.

Segunda parte

11. Jay Lemming: "Landing Pages: What Are They and Why Should Indie Authors Build Them?" [en línea]. *Alliance of independent authors advice center:* 3 de febrero de 2018. Disponible en <https://selfpublishingadvice.org/landing-pages-for-marketing-self-published-books/>
12. Sprout Social: "Marketing funnel" [en línea]. *Sprout Social*. Recuperado el 24 de septiembre de 2022. Disponible en <https://sproutsocial.com/glossary/marketing-funnel/>
13. Idem.
14. *Bloopers*: Expresión que se refiere a los errores embarazosos o "metidas de pata" cometidas en público
15. Acerca de ISBN, puede consultar en *International ISBN Agency*. Disponible en <https://www.isbn.org/>
16. Acerca de *Copyright*, puede consultar en *Federal Copyright & Trademark Registration Legal Services, Information And Advice*. Disponible en <https://copyright-application-online.com/>
17. Acerca de PCN, puede consultar en *Library of Congress*. Disponible en <https://www.loc.gov/publish/pcn/about/index.html>
18. Book Industry Study Group: "BISAC Subject Codes" [en línea] BISG: Recuperado el 24 de septiembre de 2022. Disponible en <https://bisg.org/page/BISACEdition>

@elsailardo
@elsa.ilardo